빙글빙글
지구 한 바퀴
-세계의 국가와 국기-

머리말

　올림픽, 월드컵 같은 대회에 세계 여러 나라 선수들이 경기하는 모습을 본 적 있나요? 아마 우리 친구들이 처음 들어 본 나라들도 많이 있을 거예요. 우리가 사는 지구에는 알고 있는 것보다 훨씬 더 많은 나라가 있어요. 나라마다 문화와 언어가 다르고 작은 나라라고 하더라도 국기와 중심이 되는 도시가 있답니다.

　나라마다 모양이 다른 국기에는 그 나라의 특색과 전통, 역사가 담겨있어요. 이 책에서는 국기에 담겨있는 의미에 대해 정리하면서, 그 나라의 특징에 관해서도 설명했어요.

　자, 이제 '빙글빙글 지구 한 바퀴'와 함께 세계 여행을 떠나볼까요?

일러두기

- 국제 연합(UN)에 가입된 193개 회원국과 비회원국인 타이완과 바티칸 시국을 포함한 195개국의 국기와 특징을 담았어요.

- 각 나라의 이름은 최신 교과서의 표기를 따랐어요.

- 국기의 종류가 정부기, 민간기 2가지가 있는 경우 정부기를 기준으로 했어요.

- 수도가 여러 개인 나라는 행정수도를 표기했어요.

- 각국의 언어는 공용어를 기준으로 했으며, 필요한 경우 통용어를 함께 넣었어요.

- 인구, 면적, 화폐단위는 '2023년 세계국가편람', 외교부 국가/지역 정보, 국제연합(UN) 자료를 참고했어요.

목차

Ⅰ. 아시아 - 10

Ⅱ. 유럽 - 62

Ⅲ. 아메리카 - 110

Ⅳ. 아프리카 - 148

Ⅴ. 오세아니아 - 204

초등교과연계

초등 1~2학년 : 겨울
초등 3학년 : 사회 3-1, 3-2
초등 4학년 : 사회 4-1, 4-2
초등 5학년 : 사회 5-1

I. 아시아
Asia

1. 대한민국
Korea

수도 : 서울   인구 : 약 5,155만 명
면적 : 100,300㎢ 언어 : 한국어 통화 : 원

국기의 특징

 우리나라의 국기인 태극기는 흰색 바탕 한가운데 태극무늬와 건, 곤, 감, 리의 4괘가 그려져 있어요. 태극기의 흰색 바탕은 밝음과 순수, 태극과 4괘는 음양의 조화와 발전을 상징해요.

어떤 나라인가요?

 '동방예의지국'이라 불릴 만큼 예를 중시하는 우리나라는 아시아의 동쪽 끝에 있으며, 고조선부터 대한민국까지 5천 년이 넘는 역사를 자랑하는 나라예요. 세계에서 가장 과학적인 한글을 사용하며, 훌륭한 전통문화유산도 잘 간직하고 있어요.

태극기에 담긴 뜻

태극기의 흰색 바탕

밝음과 순수, 그리고 전통적으로 평화를 사랑하는 우리의 민족성을 나타내고 있어요.

가운데의 태극문양

음(파란색)과 양(빨간색)의 조화를 상징한 것으로 세상의 모든 것들이 음과 양에 의해 만들어지고 발전한다는 대자연의 섭리를 뜻해요.

네 모서리의 4괘

음과 양이 서로 변화하고 발전하는 모습을 구체적으로 나타낸 것으로, 각각 다른 것을 상징해요.

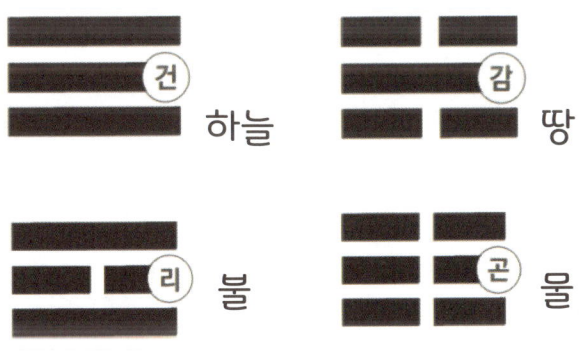

국기 게양일과 게양시간

국기 게양일

1. 국경일 및 기념일
삼일절(3월 1일), 제헌절(7월 17일),
광복절(8월 15일), 국군의 날(10월 1일)
개천절(10월 3일), 한글날(10월 9일)

2. 조의를 표하는 날
현충일(6월 6일), 국장 기간, 국민장일

3. 기타
정부가 따로 지정한 날,
지방자치 단체가 조례나 지방 의회의
의결로 정하는 경사스러운 날

4. 국기를 게양일과 상관없이 연중 달아야 하는 곳
국가, 지방자치단체 및 공공기관의 청사
각급 학교와 군부대(낮에만 게양)

국기 게양 시간

국기는 24시간 게양할 수 있지만, 밤에는 적절한 조명을 사용해야 해요. 학교나 군부대는 낮에만 달 수 있어요. 날씨가 안 좋은 날에는 게양해서는 안 돼요.

국기 게양 방법

국경일 및 기념일 / 평상시 게양

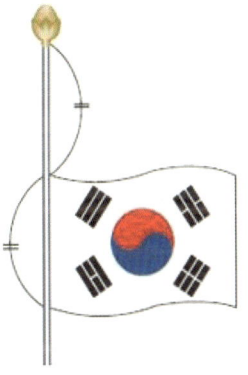

조의를 표하는 날

2. 네팔
Nepal

수도 : 카트만두   인구 : 약 3,089만 명
면적 : 147,181㎢ 언어 : 네팔어 통화 : 네팔 루피

국기의 특징

 히말라야 산맥을 상징하는 두 개의 삼각형을 겹쳐놓은 네팔의 국기에는 달과 태양이 그려져 있어요. 달과 태양은 네팔이 힌두교 국가임을 나타내면서 달은 왕실을, 태양은 재상 가문을 상징해요.

어떤 나라인가요?

 세계에서 가장 높은 산들이 이어진 히말라야 산맥에 위치한 네팔은 전 세계의 등산가들이 즐겨 찾아가는 나라예요. 또한 석가모니가 태어난 룸비니 동산도 불교를 믿는 사람들이 꾸준히 찾아가는 곳이랍니다.

3. 동티모르
East Timor

수도 : 딜리 인구 : 약 139만 명 면적 : 14,874㎢
언어 : 포르투갈어, 테툼어 통화 : 미국 달러

국기의 특징

 동티모르의 국기는 식민지라는 아픈 역사를 담고 있어요. 국기의 빨간색은 자유에 대한 투쟁, 노란색은 국가의 부, 검은색은 극복해야 할 장애, 하얀 별은 밝은 미래로 향하는 빛과 평화를 상징해요.

어떤 나라인가요?

 악어 모양의 섬나라로 포르투갈의 식민지였다가 인도네시아에 합병 된 이후 끝까지 싸워 독립을 이룬 나라예요. 1999년 유엔(UN) 평화 유지군이 파견될 때 우리나라도 참여해서 도움을 준 적이 있어, 우리나라와도 인연이 있는 나라에요.

4. 라오스
Laos

수도 : 비엔티안　　인구 : 약 763만 명
면적 : 236,800㎢　언어 : 라오스어　통화 : 킵

국기의 특징

　라오스의 국기는 라오스 내전 당시 사용했던 기를 그대로 사용하며 빨간색은 전쟁 때 흘린 피, 파란색은 번영, 하얀 동그라미는 메콩강에 뜬 보름달과 단합을 상징해요.

어떤 나라인가요?

　동남아시아 내륙에서 가장 긴 메콩강이 흐르는 라오스는 대부분의 사람들이 농사를 짓고 살아요. 많은 사람이 불교를 믿으며, 수도 비엔티안에 있는 파탓루앙 사원은 부처님의 가슴뼈를 모시고 있는 절이에요.

5. 레바논
Lebanon

수도 : 베이루트 인구 : 약 535만 명 면적 : 10,400㎢
언어 : 아랍어, 영어 통화 : 레바논 파운드

국기의 특징

레바논 국기의 빨간색은 순교자의 희생, 흰색은 순결과 평화를 상징해요. 국기 가운데의 나무는 백향목이라는 나무로, 솔로몬 왕이 성전을 지을 때 사용했다는 이야기가 담긴 레바논을 대표하는 나무예요.

어떤 나라인가요?

지중해 동쪽에 위치한 레바논은 경치가 아름답고 페니키아 시대의 유적이 많아 관광객이 많은 나라예요. 레바논 사람들은 원래 이슬람교를 믿는 아랍인이지만 십자군 전쟁의 영향으로 기독교인이 많이 살고 있으며, 정치에도 종교가 많은 영향을 주고 있는 나라예요.

6. 말레이시아
Malaysia

수도 : 쿠알라룸푸르 **인구** : 약 3,430만 명
면적 : 3,847㎢ **언어** : 말레이어 **통화** : 링깃

국기의 특징

14개의 가로줄은 별의 빛살을 상징하면서 13개의 연방주와 연방정부의 조화와 통합을 나타내고 있어요. 달과 별은 이슬람교, 노란색은 말레이시아 왕실, 파란색은 단합을 뜻해요.

어떤 나라인가요?

말레이시아는 세계 최대의 천연고무와 코코넛오일 생산국이며, 냄새는 지독하지만, 맛있는 두리안의 원산지예요. 수도인 쿠알라룸푸르에 있는 페트로나스 트윈 타워는 2개의 건물이 똑같이 생긴 88층의 쌍둥이 빌딩으로 한쪽 건물은 우리나라에서 지었어요.

7. 몰디브
Maldives

수도 : 말레   인구 : 약 39만 명
면적 : 298㎢ 언어 : 디베히이 통화 : 루피야

국기의 특징

 이슬람교의 성스러운 색인 초록색 바탕에 이슬람교의 상징인 초승달을 넣어 이슬람 국가임을 나타내고 있어요. 빨간색은 자유를 위해 흘린 피와 애국심, 초록색은 자유와 진보, 야자나무를 상징해요.

어떤 나라인가요?

 인도양에 위치한 몰디브는 1,300여 개의 산호섬으로 이루어져 있어요. 참치와 가다랑어가 많이 잡혀 어업에 종사하는 사람들이 많아요. 바다가 깨끗하고 아름다워서 많은 사람이 휴양지로 즐겨 찾아가는 나라예요.

8. 몽골
Mongolia

수도 : 울란바토르   인구 : 약 344만 명
면적 : 1,564,116㎢ 언어 : 몽골어 통화 : 투그릭

국기의 특징

 국기 왼쪽의 무늬는 '소욤보'라 불리며 자유와 독립을 상징하는 몽골의 민족적 문양이에요. 빨간색은 환희와 승리, 파란색은 충성과 헌신을 상징해요.

어떤 나라인가요?

 칭기즈 칸이라는 사람이 왕이었을 때 몽골의 크기는 아시아에서 유럽까지 이어진 아주 큰 나라였어요. '게르'라고 불리는 원형 천막을 이용해 초원 지대에서 이동 생활을 하며 살았어요. 요즘은 많이 줄었지만, 아직도 많은 사람이 게르에서 살고 있어요.

9. 미얀마
Myanmar

수도 : 네피도   인구 : 약 5,457만 명
면적 : 676,578㎢   언어 : 미얀마어   동화 : 챠트

국기의 특징

 미얀마는 예전에 '버마'라 불렀어요. 나라 이름과 함께 2010년 10월 지금의 국기로 바뀌었어요. 노란색은 단결, 초록색은 평화, 빨간색은 용기, 하얀색 큰 별은 연방의 영원함을 상징해요.

어떤 나라인가요?

 미얀마는 나라 곳곳에 불교 유적과 불탑이 세워져 있는 불교국가예요. 19세기 영국의 지배를 받았지만, 아직도 많은 사람이 전통 의상인 '롱지'를 입고 생활하며 전통을 잘 지키는 나라 중 하나로 손꼽히고 있어요.

10. 바레인
Bahrain

수도 : 마나마   인구 : 약 148만 명   면적 : 760㎢
언어 : 아랍어, 영어 통화 : 바레인 디나르

국기의 특징

 하얀색 5개 톱니는 이슬람교의 5개의 기둥을 상징해요. 빨간색은 피와 자유, 하얀색은 평화와 순결을 상징해요.

어떤 나라인가요?

 바레인은 크고 작은 30여 개의 섬으로 이루어진 나라로 옛날부터 해상 교통이 발달했어요. 그래서 고대부터 무역의 중계지로 번성했고, 오늘날에도 여러 나라에 석유를 실어 나르는 유조선을 많이 볼 수 있어요.

11. 방글라데시
Bangladesh

수도 : 다카 인구 : 약 1억 7,295만 명
면적 : 148,460㎢ 언어 : 벵골어 통화 : 타카

국기의 특징

 초록색은 이슬람교의 성스러운 색인 동시에 푸른 벵골 지방과 청년의 기상을, 빨간색은 독립을 위한 희생과 자유의 태양을 상징해요.

어떤 나라인가요?

 방글라데시는 농산물이 잘 자라지만, 홍수나 가뭄이 잦은 나라예요. 비가 많이 오는 우기에는 배가 중요한 교통수단이지요. '릭샤'라는 자전거나 오토바이로 끄는 수레를 택시처럼 이용하면서 많이 타고 다녀요.

12. 베트남
Vietnam

수도 : 하노이　　인구 : 약 9,885만 명
면적 : 331,210㎢　언어 : 베트남어　통화 : 동

국기의 특징

 빨간색은 혁명으로 흘린 피, 노란색 별은 노동자, 농민, 지식인, 청년, 군대의 단결을 상징해요.

어떤 나라인가요?

 베트남 전쟁 파병, 박항서 감독의 축구 우승 등 우리에게 익숙한 나라예요. 베트남은 일 년에 벼농사를 두 번 지을 수 있어요. 대표 음식인 쌀국수를 비롯한 베트남 음식은 우리나라뿐만 아니라 세계 여러 나라에서도 인기가 많아요.

13. 부탄
Bhutan

수도 : 팀푸　　인구 : 약 78만 명
면적 : 38,394㎢ 언어 : 종카어, 영어　통화 : 눌트룸

국기의 특징

 용은 순수, 네 발에 쥐고 있는 보석은 부귀, 으르렁거리는 입은 국가를 보호하는 남녀 신의 힘을 상징해요. 대각선으로 나뉜 왼쪽의 귤색은 국왕의 힘, 오른쪽의 주황색은 라마교 신앙을 뜻해요.

어떤 나라인가요?

 티베트 문화권에 속하며 히말라야산맥 동쪽에 위치한 평평한 땅이 거의 없는 산악국이에요. 그래서 짐을 옮길 때 노새를 사용하거나 등짐을 지는 일이 많아요. 성실하고 예의 바른 민족성을 갖고 있으며 신앙심이 누터운 나라예요.

14. 북한
North Korea

수도 : 평양　　　인구 : 약 2,616만 명
면적 : 120,538㎢　언어 : 한국어　통화 : 원

국기의 특징

 빨간색은 혁명 정신, 파란색은 평화에 대한 희망, 하얀 동그라미 속 빨간 별은 공산주의 사회의 건설을 상징해요. 우리나라에서는 인공기라 불러요.

어떤 나라인가요?

 길이 790km가 넘는 압록강과 두만강, 대동강이 있으며, 우리나라에서 가장 높은 백두산이 있어요. 한국전쟁 이후 우리나라와 오랜 세월 휴전 상태이지만 최근 이산가족 상봉, 금강산 관광 등 평화를 위해 노력하고 있어요.

15. 브루나이
Brunei

수도 : 반다르스리브가완 인구 : 약 45만 명 면적 : 5,765㎢
언어 : 말레이어, 영어   통화 : 브루나이 달러

국기의 특징

 말레이인이 행복의 색으로 여기는 노란색 바탕에 이슬람교를 상징하는 초승달과 왕실의 상징들이 그려져 있어요. 초승달에는 '항상 신의 가호가 있기를', 리본에는 '평화의 나라 브루나이'라는 글이 쓰여 있어요.

어떤 나라인가요?

 보르네오섬 북서에 위치한 브루나이는 물 위에 집을 짓고 사는 세계에서 가장 큰 수상 마을인 캄풍 아에르가 있어요. 나라의 크기는 작지만, 천연가스와 석유가 풍부한 나라예요.

16. 사우디아라비아
Saudi Arabia

수도 : 리야드　　　인구 : 약 3,694만 명
면적 : 2,149,690㎢　언어 : 아랍어, 영어　통화 : 사우디 리얄

국기의 특징

 이슬람교의 성스러운 색인 초록색 바탕에 '알라 외에는 신이 없고, 무함마드는 예언자이다.'라는 글이 쓰여 있어요. 글 아래의 칼은 성지를 지킨다는 상징이에요.

어떤 나라인가요?

 이슬람교를 만든 마호메트가 태어난 나라로 성지 메카가 있어요. 나라의 95%가 사막이지만, 석유가 개발되면서 세계적으로 부유한 나라가 되었어요. 엄격한 이슬람 율법을 잘 지키는 나라로 알려져 있어요.

17. 스리랑카
Sri Lanka

수도 : 콜롬보 인구 : 약 2,189만 명 면적 : 65,610㎢
언어 : 싱할리어, 타밀어 통화 : 스리랑카 루피

국기의 특징

 칼을 들고 있는 사자는 싱할리족, 네 귀퉁이의 잎사귀는 보리수 잎으로 불교를 상징해요. 왼쪽에 초록색과 주황색은 이슬람교와 힌두교를 믿는 소수민족을 뜻해요.

어떤 나라인가요?

 예로부터 홍차로 유명하고 자연이 아름다워서 '동양의 진주'라 알려져 있어요. 인도 문화의 영향을 받아 불교 유적이 많고, 종교를 매우 중시하는 나라예요. 스리랑카 캔디의 '페라헤라' 축제는 오랜 역사를 자랑하는 유명한 불교 축제랍니다.

18. 시리아
Syria

수도 : 다마스쿠스 인구 : 약 1,851만 명
면적 : 185,180㎢ 언어 : 아랍어 통화 : 시리아 파운드

국기의 특징

 빨간색은 혁명, 흰색은 평화, 검정은 과거의 억압, 초록별은 아름다운 대지와 아랍의 통일을 상징해요.

어떤 나라인가요?

 수도인 다마스쿠스는 세계에서 가장 오래된 도시 가운데 하나로 알려져 있어요. 도시에 많은 역사적 유적이 있어 자부심을 느끼고 있지요. 아시아와 유럽의 중간에 있어서 예로부터 상업이 발달한 나라예요.

19. 싱가포르
Singapore

수도 : 싱가포르 인구 : 약 601만 명 면적 : 697㎢
언어 : 영어, 중국어 통화 : 싱가포르 달러

국기의 특징

 빨간색은 우애와 평등, 흰색은 순수를 상징해요. 달과 별은 이슬람교를 나타내면서 다섯 개의 별은 자유, 평화, 진보, 평등, 공정을 의미하며, 초승달은 이 다섯 가지 이상을 향해 앞으로 나아감을 뜻해요.

어떤 나라인가요?

 서울 정도 크기의 섬나라이지만 무역과 금융이 발달하여 부유한 나라예요. 싱가포르는 '사자의 도시'라는 말에서 생겼어요. 몸은 물고기이고 머리는 사자인 머라이언 상은 싱가포르의 상징이랍니다.

20. 아랍에미리트
Arab Emirates

수도 : 아부다비   인구 : 약 951만 명
면적 : 83,600㎢ 언어 : 아랍어 통화 : 디르함

국기의 특징

 빨간색, 초록색, 흰색, 검은색은 이슬람 국가 국기에 공통으로 사용되는 색이에요. 빨간색은 역사상 흘린 피, 초록색은 풍요로운 국토, 흰색은 깨끗한 생활, 검은색은 전쟁을 상징해요.

어떤 나라인가요?

 7개 나라가 모여 만든 연합국으로, 정식 명칭은 아랍 에미리트 연방이에요. 1950년대에 석유가 발견되면서 세계에서 석유를 가장 많이 생산하는 부유한 나라가 되었지요. 두바이의 높이 829.84m나 되는 건물인 부르즈 칼리파는 관광명소로도 유명해요.

21. 아르메니아
Armenia

수도 : 예레반   인구 : 약 277만 명
면적 : 29,743㎢   언어 : 아르메니아어 통화 : 드람

국기의 특징

 빨간색은 아르메니아 군인이 흘린 피, 파란색은 하늘, 귤색은 비옥한 토지와 농부를 상징해요.

어떤 나라인가요?

 국토의 90%가 해발 1,000m 이상의 높은 산이에요. 구약 성서와 인연이 깊은 지역으로, 아르메니아인들은 스스로를 노아의 후손이라 불러요. 세계적인 장수 마을로도 유명하답니다.

22. 아제르바이잔
Azerbaijan

수도 : 바쿠 인구 : 약 1,041만 명 면적 : 86,600㎢
언어 : 아제르바이잔어 통화 : 마나트

국기의 특징

 가운데의 초승달과 별은 이슬람 국가 국기의 특징이에요. 파란색은 터키 민족, 초록색은 이슬람교, 빨간색은 현대화와 진보를 상징해요.

어떤 나라인가요?

 오랫동안 사라센 제국의 지배를 받아 이슬람 문화의 영향이 강하게 남아 있는 나라예요. 오래전 땅속에서 올라오는 불을 신성하게 생각하고 '불의 나라'라고 불렀어요. 지금도 석유와 천연가스가 많이 나오는 나라예요.

23. 아프가니스탄
Afghanistan

수도 : 카불 인구 : 약 4,223만 명 면적 : 652,230㎢
언어 : 파슈토어, 다리어 통화 :아프가니

국기의 특징

 가운데는 이슬람교 혁명이 성공한 1992년에 해당하는 이슬람력 1371년을 나타내는 숫자와 '알라는 위대하다', '신은 전능하다'라는 코란의 구절과 함께 밀과 이삭이 이슬람 사원을 둘러싸고 있어요.

어떤 나라인가요?

 서남아시아와 동부 및 동남아시아의 중간에 위치한 아프가니스탄에는 다양한 문화 유적이 많은데, 특히 바미안의 석굴사원이 유명해요. 유네스코에서 세계문화유산으로 지정한 바미안 석굴사원은 수많은 동굴이 연결되어 있어요.

24. 예맨
Yemen

수도 : 사나　　　인구 : 약 3,444만 명
면적 : 527,968㎢　언어 : 아랍어　통화 : 예멘 리알

국기의 특징

 빨강, 하양, 검정의 가로줄 3색기는 아랍 국가의 통일을 뜻해요. 빨간색은 독립을 위한 혁명, 흰색은 평화와 희망, 검은색은 식민지 시대의 압제 정치를 상징해요.

어떤 나라인가요?

 아라비아반도에서 가장 높은 산인 나비슈아이브 산(해발 3,760m)이 있어요. 향료와 커피가 유명한데, 커피 종류 중 유명한 모카커피는 예멘의 모카 항구에서 이름을 따 지은 거예요. 고대부터 전해지는 독특한 문화유산이 많은 나라예요.

25. 오만
Oman

수도 : 무스카트　　인구 : 약 464만 명
면적 : 309,500㎢　언어 : 아랍어　통화 : 오만 리얄

국기의 특징

왼쪽 위의 문양은 단검과 대검을 교차시켜 술탄의 권위를 나타내요. 빨간색은 새로운 오만, 흰색은 평화, 초록색은 이슬람교에 대한 믿음과 식물자원의 풍부함을 상징해요.

어떤 나라인가요?

사막이 많은 오만은 오아시스를 중심으로 도시가 만들어졌어요. 옛날에는 유향이 금보다 비쌌는데 오만에는 유향나무가 잘 자라 무역의 중심지였지요. 석유를 수출하며 서구적인 모습으로 많이 변했지만 아직도 이슬람 전통이 많이 남아있는 나라에요.

26. 요르단
Jordan

수도 : 암만　　인구 : 약 1,133만 명
면적 : 89,342㎢　언어 : 아랍어, 영어　통화 : 요르단 디나르

국기의 특징

 빨간색은 대아랍혁명을 상징하고, 검정, 하양, 초록은 옛 이슬람 왕조를 나타내요. 빨간 삼각형 안의 하얀 별은 아랍인들의 통합을 뜻해요.

어떤 나라인가요?

 대부분 베두인 유목민 출신인 요르단의 국민들은 친절하고 낙천적인 성격을 지니고 있어요. 오늘날에는 생활 방식이 많이 변화하였지만, 삶의 방식은 아직도 남아 있지요. 유네스코에서 세계문화유산으로 지정한 페트라는 사막 한가운데 있는 커다란 바위 틈새에 지은 고대 도시예요.

27. 우즈베키스탄
Uzbekistan

수도 : 타슈켄트   인구 : 약 3,516만 명
면적 : 447,400㎢ 언어 : 우즈베크어 통화 : 숨

국기의 특징

흰색은 평화, 초록색은 자연, 빨간색은 생명력, 파란색은 밤과 물을 나타내요. 왼쪽에 그려진 초승달과 별은 고유의 전통과 문화를 상징해요.

어떤 나라인가요?

수도 타슈켄트는 동서로는 아시아와 유럽을, 남북으로는 인도와 유럽을 연결하는 항공교통의 중심지예요. 과거 실크로드를 따라 무역했을 때부터 번성했던 곳이지요. 우즈베키스탄에는 희귀하고 대담하면서 아름다운 이슬람교 건물이 많이 있어요.

28. 이라크
Iraq

수도 : 바그다드   인구 : 약 4,550만 명
면적 : 438,317㎢   언어 : 아랍어, 쿠르드어
통화 : 이라크 디나르

국기의 특징

빨간색은 전쟁의 슬픔, 흰색은 관용, 초록색은 예언자 마호메트, 검은색은 옛 영광을 뜻해요. 2008년부터 기존에 있던 가운데 세 개의 별을 없애고, '알라는 위대하다.'라는 글을 썼어요.

어떤 나라인가요?

세계 4대 문명의 하나인 메소포타미아 문명이 꽃핀 지역이에요. 신비한 공중정원, 하늘과 땅을 잇는 지구라트가 있었지만, 여러 차례 전쟁을 겪으며 대부분 사라졌지요. 이슬람 국가인 만큼 날마다 있는 예배가 엄격하게 지켜지고 있는 나라예요.

29. 이란
Iran

수도 : 테헤란   인구 : 약 8,917만 명
면적 : 1,648,195㎢ 언어 : 페르시아어 통화 : 이란 리알

국기의 특징

 가운데 문양은 '알라(Allah)'를 아랍어로 표현한 거예요. 초록색은 이슬람교, 흰색은 평화, 빨간색은 애국심을 상징해요. 흰색 위아래에 '신은 위대하다'라는 뜻을 가진 글이 22번 반복되어 있어요.

어떤 나라인가요?

 고대 페르시아 제국으로 문명을 꽃피웠던 나라예요. 그래서 역사와 문화에 대한 자긍심이 강하지요. 건축 예술이 일찍부터 발달했어요. 알라딘이 타고 다닐 것 같은 양탄자는 세계에서도 손꼽히는 명물이에요.

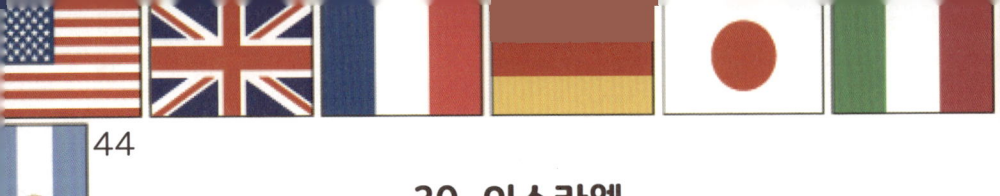

30. 이스라엘
Israel

수도 : 예루살렘 인구 : 약 917만 명
면적 : 22,770㎢ 언어 : 히브리어, 아랍어 통화 : 셰켈

국기의 특징

파란색과 흰색은 유대교 성직자의 어깨걸이 색을 나타내요. 가운데 별은 유대인의 전통적 상징으로 다윗왕의 방패를 상징해요.

어떤 나라인가요?

기원전 11세기 이스라엘 왕국을 건설했으나 로마에 의해 나라를 잃고 오랜 기간 떠돌아다녔어요. 다시 돌아와 나라를 세웠지만 이미 팔레스타인 사람들이 살고 있었고, 서로의 나라를 지키기 위해 전쟁이 끊이지 않고 있어요. 예수가 태어난 나라로 알려져 있어요.

31. 인도
India

수도 : 뉴델리   인구 : 약 14억 2,862만 명
면적 : 3,287,263㎢ 언어 : 힌디어, 영어 통화 : 루피

국기의 특징

 가운데 수레바퀴 모양의 문양은 불교의 상징인 다르마 차크라로 '법의 윤회'를 뜻해요. 귤색은 용기와 희생, 흰색은 평화와 진리, 초록색은 공평과 기사도를 상징해요.

어떤 나라인가요?

 4대 문명의 하나인 인더스 문명의 발상지인 동시에 불교가 시작된 나라예요. 세계에서 두 번째로 인구가 많은 나라이기도 해요. 무굴 제국 시대에 건설한 타지마할은 시간을 초월하는 아름다움을 느낄 수 있어 전 세계의 유명한 건축물 중 하나로 손꼽혀요.

32. 인도네시아
Indonesia

수도 : 자카르타　　인구 : 약 2억 7,753만 명
면적 : 1,904,569㎢　언어 : 인도네시아어　통화 : 루피아

국기의 특징

빨간색과 흰색은 인도네시아의 전통적인 국민 색이에요. 빨간색은 용기, 흰색은 자유를 상징해요.

어떤 나라인가요?

인도네시아는 1만 3,000여 개의 크고 작은 섬으로 이루어진 세계 최대의 섬나라예요. 덥고 비가 많이 내리는 날씨라 밀림으로 뒤덮여 있어요. 대승불교의 유적, 힌두교 사원, 금속세공, 장식예술 등이 문화유산으로 보호되어 전해지고 있어요.

33. 일본
Japan

수도 : 도쿄　　　인구 : 약 1억 2,329만 명
면적 : 377,915㎢　언어 : 일본어　통화 : 엔

국기의 특징

 일본의 국기인 일장기는 태양을 본떠 만들었어요. 태양 신앙과 해가 뜨는 나라임을 나타내요.

어떤 나라인가요?

 4개의 큰 섬과 수많은 작은 섬으로 이루어진 나라로 국토의 70%가 산으로 이루어져 있어요. 화산 활동으로 인해 지진이 자주 일어나는 나라 중 하나이기도 해요. 여러 가지 물건을 만드는 기술이 뛰어난데 특히 전자제품은 세계적으로 인기가 많아요.

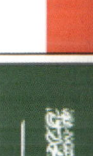

34. 조지아
Georgia

수도 : 트빌리시   인구 : 약 372만 명
면적 : 69,700㎢ 언어 : 조지아어 통화 : 라리

국기의 특징

 흰색 바탕에 빨간색 성 게오르기우스의 십자가와 4개의 예루살렘 십자가가 그려져 있어요.

어떤 나라인가요?

 그루지야라 불렸던 나라인 조지아는 아시아와 유럽을 잇는 교통과 무역의 중심지예요. 이러한 이유로 근대까지도 여러 나라의 지배를 받았어요. 경치가 아름답고 날씨가 좋아 많은 관광객이 찾아오는 나라예요.

35. 중국
China

수도 : 베이징 인구 : 약 14억 2,567만 명
면적 : 9,596,960㎢ 언어 : 중국어 동화 : 위안

국기의 특징

중국의 국기는 오성홍기라 불러요. 빨간색은 혁명, 큰 별은 중국 공산당, 작은 별은 4계급을 상징해요.

어떤 나라인가요?

세계에서 가장 인구가 많은 나라로 오랜 역사를 가지고 있어요. 과거부터 중국의 문화는 아시아의 주변 국가들에 영향을 많이 줬어요. 땅이 넓고 천연자원이 풍부해 다양한 인종과 문화가 섞여 있답니다.

36. 카자흐스탄
Kazakhstan

수도 : 아스타나　　인구 : 약 1,960만 명
면적 : 2,724,900㎢　언어 : 카자흐어, 러시아어
통화 : 텡게

국기의 특징

 미래의 희망을 상징하는 파란 하늘을 배경으로 빛나는 태양과 금색 독수리가 그려져 있어요. 왼쪽의 무늬는 민족 전통 문양이에요.

어떤 나라인가요?

 동서양 교류의 중심지로 오랫동안 러시아의 지배를 받아 러시아 문화가 많이 남아있는 나라예요. 먼 옛날부터 사람들이 살았는데 그 흔적이 남아있는 1,000여 점의 탐갈리 바위그림이 유명해요.

37. 카타르
Qatar

수도 : 도하 인구 : 약 271만 명 면적 : 11,586㎢
언어 : 아랍어 통화 : 카타르 리얄

국기의 특징

흰색은 평화, 밤색은 카타르가 19세기 후반 겪은 전쟁에서 흘린 피를 상징해요.

어떤 나라인가요?

세계 최대 규모인 천연가스가 있고, 석유도 수출하여 작지만 부유한 나라예요. 오랫동안 영국의 지배를 받았지만, 전통적인 이슬람 국가로 이슬람 교리에 따라 생활해요. 2006년에는 수도인 도하에서 아시안 게임이, 2022년에는 월드컵이 열렸었어요.

38. 캄보디아
Cambodia

수도 : 프놈펜　　인구 : 약 1,694만 명
면적 : 181,035㎢　언어 : 크메르어　통화 : 리엘

국기의 특징

　국기 가운데에 캄보디아의 세계적 문화유산인 앙코르와트가 그려져 있어요. 파란색은 왕실, 흰색은 불교, 빨간색은 민족을 상징해요.

어떤 나라인가요?

　앙코르와트로 대표되는 크메르 왕조가 수준 높은 문화를 꽃피웠던 나라예요. 전쟁 등으로 많이 훼손되었지만 그래도 화려한 유적지를 보기 위해 세계의 많은 관광객이 찾아가고 있어요. 날씨가 덥고 숲이 많아 고무와 원목을 많이 생산해요.

39. 쿠웨이트
Kuwait

수도 : 쿠웨이트 인구 : 약 431만 명 면적 : 17,820㎢
언어 : 아랍어 통화 : 쿠웨이트 디나르

국기의 특징

 초록색과 흰색, 검은색은 각각 이슬람교의 왕조를 상징해요. 빨간색은 아랍 사회의 혈연을 뜻해요.

어떤 나라인가요?

 예로부터 페르시아만 교역에서 중요한 역할을 한 나라예요. 석유의 발견으로 부유한 나라가 되었지만 아이러니하게도 석유 때문에 전쟁을 겪기도 했어요. 1990년 걸프전쟁 당시 우리나라도 참여하여 쿠웨이트에 도움을 준 적이 있어요.

40. 키르기스스탄
Kyrgyzstan

수도 : 비슈케크 인구 : 약 673만 명
면적 : 199,951㎢ 언어 : 키르기스어, 러시아어
통화 : 솜

국기의 특징

 태양 안에 3줄씩 교차하고 있는 선은 유목 생활을 하는 키르기스인의 이동식 전통 천막인 '유르트'를 뜻해요.

어떤 나라인가요?

 '키르기스인의 나라'라는 뜻을 가진 키르기스스탄은 중앙아시아의 스위스라는 별명이 있을 정도로 대부분의 땅이 높은 산으로 되어 있어요. 그래서 도시화가 늦은 편으로 많은 사람이 농사를 짓거나 가축을 기르며 생활해요.

41. 타이(태국)
Thailand

수도 : 방콕 인구 : 약 7,180만 명 면적 : 513,120㎢
언어 : 타이어 통화 : 바트

국기의 특징

타이의 국기는 트라이롱 또는 통 찻이라 불러요. 빨간색은 국가와 국민, 흰색은 불교, 파란색은 짜끄리 왕조를 상징해요.

어떤 나라인가요?

정식 명칭은 타이 왕국이지만 흔히 태국이라고 불러요. 타이는 자유라는 뜻인데, 아시아의 각국이 식민지가 되는 가운데에서도 유일하게 독립을 지켰기 때문에 타이라고 이름 지었어요. 타이식 복싱 무에타이는 영화로 만들어질 정도로 유명해요.

42. 타이완(대만)
Taiwan

수도 : 타이베이 인구 : 약 2,392만 명 면적 : 36,000㎢
언어 : 북경어, 대만어 통화 : 뉴 타이완 달러

국기의 특징

왼쪽 위의 문양은 푸른 하늘에 뜬 태양을 상징해요. 파란색, 흰색, 빨간색은 쑨원이 주장한 삼민주의(민족주의, 민권주의, 민생주의)를 뜻해요.

어떤 나라인가요?

흔히 대만이라고 많이 불러요. 타이완의 사람들은 중국에서 이주해 온 한족의 후손들이 대부분이에요. 한때는 일본의 식민 통치를 받기도 했고, 서유럽의 영향을 일찍 받아 다양한 문화 양식들이 섞여 있어요. 타피오카 알갱이가 들어 있는 버블티는 대만에서 처음 만들어졌어요.

43. 타지키스탄
Tajikistan

수도 : 두샨베 인구 : 약 1,014만 명
면적 : 144,100㎢ 언어 : 타지크어 통화 : 소모니

국기의 특징

 빨간색은 나라의 통합, 흰색은 면직공업, 초록색은 농업을 상징해요. 가운데의 왕관과 별은 다른 나라와의 우호, 국민의 결속을 뜻해요.

어떤 나라인가요?

 타지키스탄은 '타지크족의 나라'라는 뜻이에요. 나라의 절반 이상이 해발 3,000m가 넘는 지역에 속해 있고, 세계의 지붕이라 불리는 파미르고원이 있어요. 주민 대부분이 대가족 제도를 지키고 생활하고 있어요.

44. 튀르키예
Türkiye

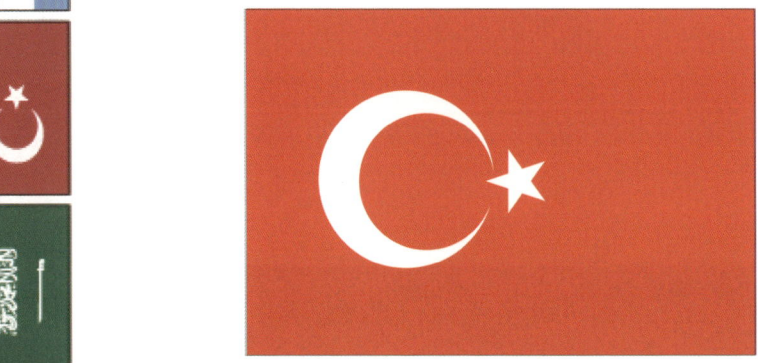

수도 : 앙카라 **인구** : 약 8,581만 명 **면적** : 783,562㎢
언어 : 튀르키예어 **통화** : 튀르키예 리라

국기의 특징

 마케도니아가 튀르키예의 비잔티움(이스탄불)을 침입했을 때 초승달 빛으로 이를 발견해 나라를 구했다는 전설에서 국기가 만들어졌어요.

어떤 나라인가요?

 2022년에 터키에서 튀르키예로 나라 이름이 바뀌었어요. 아시아와 유럽 사이에 있는 튀르키예는 두 대륙의 문화가 남아있어요. 아라라트산은 구약성서에 나오는 노아의 방주가 산 정상에 도착했다는 전설로 유명해요. 한국전쟁 당시 우리나라 군인들과 같이 싸웠고 이후에도 좋은 관계를 이어가고 있어요.

45. 투르크메니스탄
Turkmenistan

수도 : 아슈하바트 인구 : 약 651만 명 면적 : 488,100㎢
언어 : 투르크멘어 통화 : 마나트

국기의 특징

 초록색 바탕에 초승달과 별은 이슬람 국가임을 나타내요. 왼쪽의 무늬는 전통 문양으로 투르크메니스탄의 대표적인 다섯 부족을 상징해요.

어떤 나라인가요?

 중앙아시아의 국가 중 평야의 비율이 가장 높은 나라로 가족을 중심으로 사회생활을 해요. 투르크메니스탄은 세계적으로도 손꼽히는 목화 생산국 중 하나예요. 손으로 직접 천을 짜는 기술이 발달했고 양탄자가 세계적으로도 유명해요.

46. 파키스탄
Pakistan

수도 : 이슬라마바드 인구 : 약 2억 404만 명
면적 : 796,100㎢ 언어 : 우르두어 통화 : 루피

국기의 특징

 초록색은 이슬람교와 국가의 번영, 흰색은 평화, 초승달은 진보와 발전, 별은 지식과 빛을 상징해요.

어떤 나라인가요?

 고대 인더스 문명이 시작된 곳으로 유적이 많이 남아 있는 나라예요. 특히 모헨조다로는 고대 문명의 뛰어난 건축 기술을 엿볼 수 있지요. 이슬람 국가이지만 가까운 인도에서 건너온 사람들이 많아 불교 유적도 많이 있어요.

47. 필리핀
Philippines

수도 : 마닐라　인구 : 약 1억 1,733만 명
면적 : 300,000㎢　언어 : 타갈로그어, 영어　통화 : 페소

국기의 특징

빨간색은 용기, 파란색은 이념, 흰색은 평화, 태양은 자유를 상징해요. 별은 필리핀의 3개의 섬을 뜻해요.

어떤 나라인가요?

필리핀은 7천여 개의 섬으로 이루어진 나라예요. 옛날부터 논농사를 중요하게 여겼어요. 높은 산 중간에 계단으로 이루어진 논이 유명해요. 바다의 바닥이 깊숙하게 파인 곳을 해구라 부르고 가장 깊은 곳을 해연이라 부르는데, 필리핀 주변 바다에는 깊은 해연이 많기로 유명해요.

Ⅱ. 유럽
Europe

1. 그리스
Greece

수도 : 아테네 인구 : 약 1,034만 명
면적 : 131,957㎢ 언어 : 그리스어 통화 : 유로

국기의 특징

파란색은 에게해와 하늘, 흰색은 평화, 십자가는 그리스 정교와 그리스의 독립을 상징해요.

어떤 나라인가요?

유럽 문화가 시작된 곳으로, 그리스의 신화는 전 세계 사람들의 사랑을 받고 있어요. 올림픽이 시작된 나라이기도 해요. 그리스의 수도 아테네에는 파르테논 신전 등 고대 유적이 많이 있어 전 세계 관광객들이 많이 찾아가는 곳이에요.

2. 네덜란드
Netherlands

수도 : 암스테르담　인구 : 약 1,761만 명
면적 : 41,543㎢　언어 : 네덜란드어　통화 : 유로

국기의 특징

빨간색은 용기, 흰색은 신앙심, 파란색은 조국에 대한 변함없는 충성심을 상징해요.

어떤 나라인가요?

정식 명칭은 네덜란드 왕국이고, 홀랜드라고 부르기도 해요. '하멜표류기'를 통해 유럽에 최초로 조선을 알린 나라예요. 국토의 25%가 바다보다 낮아 바다를 메꾼 땅인 간척지가 많아요. 간척지에 키운 아름다운 튤립은 풍차와 함께 네덜란드를 대표한답니다.

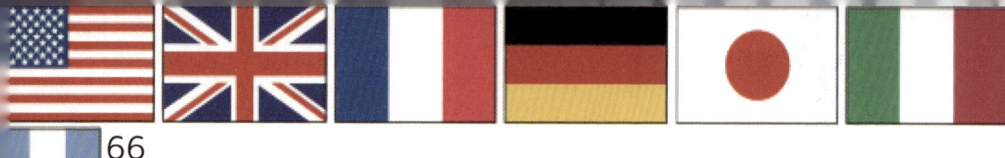

3. 노르웨이
Norway

수도 : 오슬로 인구 : 약 547만 명 면적 : 323,802㎢
언어 : 노르웨이어 통화 : 노르웨이 크로네

국기의 특징

 덴마크 국기의 영향을 받은 노르웨이의 국기는 하얀 십자가 안에 독립과 자유를 상징하는 파란 십자가가 들어 있어요.

어떤 나라인가요?

 세계에서 가장 긴 피오르가 있는 나라예요. 피오르는 빙하가 깎아 만든 골짜기에 바닷물이 들어와 생긴 좁고 기다란 만이에요. 전 세계의 많은 관광객이 피오르를 보기 위해 찾아가지요. 수도인 오슬로의 시청은 노벨평화상 시상식장으로도 유명해요.

4. 덴마크
Denmark

수도 : 코펜하겐 인구 : 약 591만 명 면적 : 43,094㎢
언어 : 덴마크어 통화 : 덴마크 크로네

국기의 특징

 세계에서 가장 오래된 국기로 알려져 있으며, 덴마크의 힘이라는 뜻의 '단네브로그'라 불러요. 로마 교황이 십자군에게 준 기에서 유래되었다고 해요.

어떤 나라인가요?

 몸이 불편하거나 아픈 사람을 위해 세계에서 제일 먼저 사회보장제도를 만든 나라예요. 배를 만드는 기술과 농사와 가축을 기르는 산업이 발달했어요. 우리가 잘 알고 있는 '미운 오리 새끼', '인어공주', 영화 겨울 왕국의 원작인 '눈의 여왕' 등을 쓴 동화 작가 안데르센이 태어난 나라예요.

5. 독일
Germany

수도 : 베를린　　인구 : 약 8,329만 명
면적 : 357,022㎢　언어 : 독일어　통화 : 유로

국기의 특징

 분데스플래그라 불러요. 검은색은 억압에 대한 분노, 빨간색은 자유에 대한 동경, 노란색은 진리를 상징해요.

어떤 나라인가요?

 유럽의 가운데에 위치한 나라로, 서독과 동독으로 분단되었다가 1990년에 통일되었어요. 베토벤, 브람스 등 세계적인 음악가들이 탄생한 나라예요. 세계에서 가장 큰 맥주 축제가 열릴 정도로 맥주와 함께 먹는 소시지가 유명한 나라이기도 해요.

6. 라트비아
Latvia

수도 : 리가　인구 : 약 183만 명　면적 : 64,589㎢
언어 : 라트비아어　통화 : 유로

국기의 특징

 1282년 침략자와 싸운 의용군의 깃발에서 유래되었다고 해요. 밤색은 국가를 지키려는 단호한 결의, 흰색은 자유와 성실함을 상징해요.

어떤 나라인가요?

 발트 3국(라트비아, 리투아니아, 에스토니아) 중 하나로 발트해 동쪽에 있는 나라예요. 수도 리가에는 오랜 역사를 지닌 도시답게 다양한 양식의 건물들이 어우러져 있어요. 전통 민속이 많이 남아있고, 많은 민요가 전해지고 있는 나라예요.

7. 러시아
Russia

수도 : 모스크바 인구 : 약 1억 4,444만 명
면적 : 17,098,242㎢ 언어 : 러시아어 통화 : 루블

국기의 특징

 흰색은 숭고함과 자유, 파란색은 정직과 헌신, 빨간색은 용기와 사랑을 상징해요.

어떤 나라인가요?

 아시아의 동쪽 끝부터 유럽까지 이어지는 러시아는 세계에서 가장 넓은 나라랍니다.
 '백조의 호수', '호두까기 인형' 등 발레가 유명한 나라이기도 해요.
 러시아는 우주 공학 기술이 발달하였고 세계 최초로 우주 비행사가 우주 비행을 성공한 나라예요.

8. 루마니아
Romania

수도 : 부쿠레슈티 인구 : 약 1,989만 명
면적 : 238,391㎢ 언어 : 루마니아어 통화 : 레우

국기의 특징

 파란색은 자유, 노란색은 풍요, 빨간색은 국가를 위해 희생한 애국자들의 피를 상징해요.

어떤 나라인가요?

 로마 사람들이 사는 곳이라는 뜻의 루마니아는 원래 고대 로마의 땅인 다키아가 있었던 곳이에요.
 해바라기와 포도를 많이 심으며 천연자원이 풍부해요.
 영화와 소설로도 많이 알려진 드라큘라의 성인 브란성은 많은 관광객이 찾아가는 장소예요.

9. 룩셈부르크
Luxembourg

수도 : 룩셈부르크 인구 : 약 65만 명 면적 : 2,586㎢
언어 : 프랑스어, 독일어 통화 : 유로

국기의 특징

 빨간색, 흰색, 하늘색의 삼색기로 얼핏 보기에는 네덜란드 국기와 비슷하게 생겼어요.

어떤 나라인가요?

 동쪽으로는 독일, 북쪽과 서쪽에는 벨기에, 남쪽으로는 프랑스에 둘러싸여 있는 작은 나라예요. 고유문화가 잘 유지되어 있고, '작은 성'이라는 뜻의 나라 이름처럼 곳곳에 있는 옛 성과 요새들이 룩셈부르크의 역사와 사회의 특징을 잘 나타내고 있어요.

10. 리투아니아
Lithuania

수도 : 빌뉴스 인구 : 약 271만 명 면적 : 65,300㎢
언어 : 리투아니아어 통화 : 유로

국기의 특징

 노란색은 태양의 빛과 농업, 초록색은 희망과 산림, 빨간색은 활력과 대지의 빛깔을 상징해요.

어떤 나라인가요?

 발트 3국(라트비아, 리투아니아, 에스토니아) 중 가장 남쪽에 위치한 나라예요. 99km의 긴 모래 바닷가가 펼쳐져 있지요. 나무를 이용한 조각 기술이 발달해 리투아니아의 도로와 정원에서 나무 십자가 등 조각품을 쉽게 볼 수 있어요.

11. 리히텐슈타인
Liechtenstein

수도 : 파두츠 인구 : 약 3만 8000명 면적 : 160㎢
언어 : 독일어 통화 : 스위스 프랑

국기의 특징

 파란색은 하늘, 빨간색은 불, 금빛 왕관은 국민과 국가와 왕실의 단합을 상징해요.

어떤 나라인가요?

 스위스와 오스트리아 사이에 위치한 작은 나라로, 알프스산맥이 있어 경치가 아름다운 나라예요. 세계 각국에서 온 관광객들이 수도인 파두츠에 있는 우체국에 몰릴 정도로 우표가 유명한 나라랍니다.

12. 모나코
Monaco

수도 : 모나코　인구 : 약 3만 명　면적 : 2㎢
언어 : 프링스어　통회 : 유로

국기의 특징

빨간색과 흰색은 그리말디 왕가의 전통적인 빛깔이에요. 인도네시아 국기와 똑같아 인도네시아 측에서 국기 변경을 요구한 적도 있어요.

어떤 나라인가요?

모나코는 세계에서 두 번째로 작은 나라예요. 따뜻한 날씨와 지중해의 아름다운 풍경 덕분에 휴양지로도 유명해요. 모나코에서는 세계 3대 자동차 경주 중 하나인 모나코 그랑프리가 열려요. 자동차 경주를 좋아하는 사람들에게는 인기 있는 나라예요.

13. 몬테네그로
Montenegro

수도 : 포드고리차 인구 : 약 62만 명
면적 : 13,812㎢ 언어 : 몬테네그로어 통화 : 유로

국기의 특징

 가운데의 황금색 독수리 문장과 파란색 가슴에 들어 있는 사자 문장은 독립과 독립 국가로서의 부활을 상징해요.

어떤 나라인가요?

 몬테네그로는 세르비아어로 '검은 산'이라는 뜻인데 디나르알프스산맥에 가려져 어두운 산지가 많아 붙여진 이름이에요. 주변 나라들의 영향을 받아 다양한 역사 유적이 풍부해요. 절벽 끝에 세워진 오스트로그 수도원은 신비한 아름다움을 가지고 있어요.

14. 몰도바
Moldova

수도 : 키시네프 인구 : 약 343만 명 면적 : 33,851㎢
언어 : 몰도바어 통화 : 레우

국기의 특징

 독수리가 물고 있는 십자가는 그리스도교를 뜻해요. 발톱에 쥐고 있는 올리브 가지와 홀은 평화와 엄숙함을 상징해요.

어떤 나라인가요?

 몰도바는 루마니아와 우크라이나 사이에 있는 나라예요. 농사짓기에 좋은 날씨와 땅을 가지고 있어, 농업이 발달했고 특히 곡물과 특용 식물의 재배가 활발해요. 특히 포도를 많이 길러서 포도주가 유명해요.

15. 몰타
Malta

수도 : 발레타 인구 : 약 53만 명 면적 : 316㎢
언어 : 몰타어, 영어 통화 : 유로

국기의 특징

왼쪽 위의 무늬는 제2차 세계대전 중 세운 업적으로 영국 국왕에게 받은 세인트 조지 훈장이에요. 빨간색은 정열, 흰색은 순수와 정의, 평화를 상징해요.

어떤 나라인가요?

지중해 가운데에 있어 지중해의 지배권을 둘러싼 싸움이 계속된 나라예요. 지중해에서는 찾기 힘든 신석기시대 유적 외에도 예술 작품과 건축물이 많은 고고학적 유물의 보물창고예요. 우리나라에서 애완견으로 많이 키우는 몰티즈의 고향이랍니다.

16. 바티칸
Vatican

수도 : 바티칸시티 인구 : 약 1,000명 면적 : 0.44㎢
언어 : 이탈리아어, 라틴어 통화 : 유로

국기의 특징

노란색과 흰색은 교황청 병사의 모자에서 유래되었어요. 교황의 왕관과 베드로의 열쇠가 서로 엇갈린 문양이 새겨져 있어요.

어떤 나라인가요?

이탈리아 로마 안에 있는 바티칸은 세계에서 가장 작은 나라예요. 가톨릭교에서 가장 높은 위치에 있는 성직자인 교황이 바티칸에서 가장 높은 사람이에요. 전 세계 모든 가톨릭교를 관리하는 교황청과 산 피에트로 대성당이 있어요.

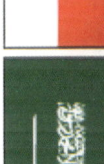

17. 벨기에
Belgium

수도 : 브뤼셀　인구 : 약 1,168만 명　면적 : 30,528㎢
언어 : 네덜란드어, 프랑스어　통화 : 유로

국기의 특징

 검은색, 노란색, 빨간색은 '검은 땅에 혀를 내밀고 있는 노란 사자'라는 벨기에 브라반트 공작의 문장에서 유래되었어요.

어떤 나라인가요?

 영국에 이어 유럽에서 두 번째로 산업 혁명이 이루어진 곳으로, 공업은 세계적인 수준을 자랑하는 나라예요. 맛있는 초콜릿과 달콤한 와플은 벨기에를 대표하는 음식이지요. 인기 만화 캐릭터인 스머프가 탄생한 나라이기도 해요.

18. 벨라루스
Belarus

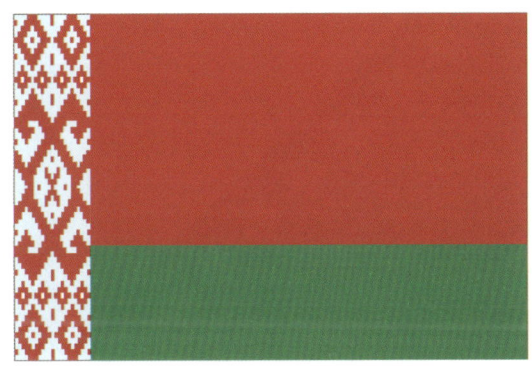

수도 : 민스크 인구 : 약 949만 명 면적 : 207,600㎢
언어 : 벨라루스어, 러시아어 통화 : 벨라루스 루블

국기의 특징

왼쪽의 벨라루스 전통 무늬는 문화유산, 계승, 단합을 상징해요. 빨간색은 과거의 영광, 초록색은 미래, 희망, 부흥, 산림을 뜻해요.

어떤 나라인가요?

벨라루스는 예전에는 '하얀 러시아'라고 불렀어요. 나라 이름처럼 벨라루스의 사람들은 흰 피부를 가지고 있고, 흰색을 좋아해서 흰옷을 즐겨 입으며 집 벽도 하얗게 칠해요. 폴란드와의 국경 근처 숲에는 유럽 들소가 무리를 이루며 살아요.

19. 보스니아 헤르체고비나
Bosnia and Herzegovina

수도 : 사라예보 인구 : 약 321만 명 면적 : 51,197㎢
언어 : 세르보크로아트어 통화 : 마르카

국기의 특징

파란색과 흰 별은 유럽, 노란색 삼각형은 보스니아 헤르체고비나의 세 민족인 보스니아인, 크로아티아인, 세르비아인을 상징해요.

어떤 나라인가요?

보스니아 헤르체고비나는 북쪽과 서쪽으로는 크로아티아, 동쪽으로는 세르비아, 동남쪽으로는 몬테네그로와 접해있어요. 그래서 다양한 문화와 민족이 섞여 있어 오랜 시간 나라 안에서 전쟁을 치렀어요. 지금은 평화롭지만, 아직도 전쟁의 상처가 곳곳에 남아 있는 나라예요.

20. 북마케도니아
North Macedonia

수도 : 스코페 인구 : 약 208만 명 면적 : 25,713㎢
언어 : 마케도니아어 통화 : 데나르

국기의 특징

금빛 태양에서 8개의 햇살이 뻗어나가는 모습을 상징해요. 최초에는 16개의 햇살을 가진 태양이었으나 그리스의 반대로 현재와 같은 모양이 되었어요.

어떤 나라인가요?

알렉산더 대왕이 지배하던 고대 마케도니아 왕국의 일부로 이름도 여기에서 유래되었어요. 마케도니아가 그리스 지방 이름이라 주장하는 그리스가 나라 이름에 대해 반대했고, 오랫동안 갈등이 있었지만 2019년 2월 북마케도니아로 나라 이름을 변경했어요.

21. 불가리아
Bulgaria

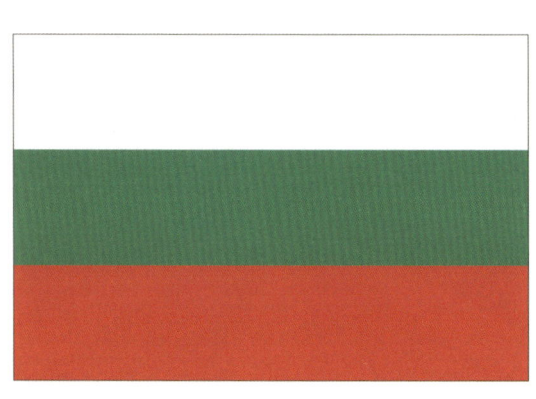

수도 : 소피아 인구 : 약 668만 명 면적 : 110,879㎢
언어 : 불가리아어 통화 : 레프

국기의 특징

 흰색은 순결과 평화, 초록색은 농업과 풍요로움, 빨간색은 애국심을 상징해요.

어떤 나라인가요?

 유럽의 발칸반도에 위치한 나라로 그리스와 터키 이웃에 있어요. 화장품의 재료가 되는 장미 기름을 세계에서 가장 많이 만드는 나라예요. 해마다 5월 말~6월 초에 열리는 국제 장미 축제는 유명하지요. 요구르트를 즐겨 먹기 때문에 건강하게 오래 산다고 해요.

22. 산마리노
San Marino

수도 : 산마리노 인구 : 약 3만 3,000명 면적 : 61㎢
언어 : 이탈리아어 통화 : 유로

국기의 특징

흰색은 순수함, 파란색은 티타노산의 하늘과 아드리아 바다를 상징해요. 가운데 문장 속에는 세 탑과 '자유'가 써진 리본이 그려져 있어요.

어떤 나라인가요?

유럽에서 세 번째로 작은 나라로, 이탈리아 중부의 산에 있어요. 오래전 그리스도교도들이 종교적인 괴롭힘을 피해 세운 나라예요. 오래된 유적들이 남아있어 많은 관광객이 찾아가는 곳이에요. 산마리노의 우표는 특히 세계적으로 유명해요.

23. 세르비아
Serbia

수도 : 베오그라드　인구 : 약 714만 명
면적 : 77,474㎢　언어 : 세르비아어　통화 : 디나르

국기의 특징

빨간색은 혁명과 민족의 피, 파란색은 하늘, 흰색은 빛을 상징해요. 왕관과 두 마리 독수리의 문장은 세르비아를 나타내요.

어떤 나라인가요?

유럽의 발칸반도 중앙에 위치한 나라예요. 여러 민족이 모여 살기 때문에 문화와 관습의 차이가 커서 여러 차례 나라 안에서 전쟁이 일어났었어요. 세르비아의 교회나 수도원에는 중세 시대 그려진 벽화들이 많이 남아 있어요.

24. 스웨덴
Sweden

수도 : 스톡홀름 인구 : 약 1,061만 명 면적 : 450,295㎢
언어 : 스웨덴어 통화 : 스웨덴 크로나

국기의 특징

십자는 그리스도교 국가임을 나타내며, 십자기는 스칸디나비아 제국의 일원임을 뜻해요.

어떤 나라인가요?

북유럽의 바다를 누비던 바이킹이 살았던 나라예요. 경제가 안정적이라 생활 수준이 아주 높아 세계에서 손꼽히는 복지국가 중 하나예요. 스웨덴 출신의 화학자 노벨의 유언에 따라, 각 분야에서 인류를 위해 애쓴 사람이나 단체를 뽑아 노벨상 준답니다.

25. 스위스
Switzerland

수도 : 베른 인구 : 약 879만 명 면적 : 41,277㎢
언어 : 독일어, 프랑스어 통화 : 스위스 프랑

국기의 특징

십자는 그리스도교 국가임을 나타내요. 전통적으로 자유, 명예, 충성을 상징했지만, 오늘날에는 중립성, 민주주의, 평화, 보호의 의미를 상징해요.

어떤 나라인가요?

아름다운 알프스산맥이 있어 세계적인 관광지로 유명해요. 스위스 알프스 지방의 목동들이 만든 요들송은 유명하지요. 전통적으로 시계를 만드는 기술이 매우 발달했어요. 금융 및 은행업도 발달하여 스위스 은행은 가장 안전한 곳이라 알려져 있어요.

26. 슬로바키아
Slovakia

수도 : 브라티슬라바 인구 : 약 579만 명
면적 : 49,035㎢ 언어 : 슬로바키아어 통화 : 유로

국기의 특징

 흰색, 파란색, 빨간색의 가로줄 삼색기예요. 왼쪽에 그려진 문양은 슬로바키아의 국장이에요.

어떤 나라인가요?

 체코슬로바키아에서 분리된 나라예요. 슬로바키아에는 세계적으로 유명한 고대 양식의 건축물이 많은데 특히 브라티슬라바 성이 유명해요. 중요한 산업은 자동차 제조인데 우리나라를 포함한 세계 여러 회사의 자동차를 만드는 공장이 모여있어요.

27. 슬로베니아
Slovenia

수도 : 류블랴나 인구 : 약 211만 명 면적 : 20,273㎢
언어 : 슬로베니아어 통화 : 유로

국기의 특징

 흰색, 파란색, 빨간색의 가로줄 삼색기예요. 왼쪽 방패 모양 안에는 슬로베니아에서 가장 높은 산인 트리글라브산과 바다와 강, 세 개의 별이 그려져 있어요.

어떤 나라인가요?

 알프스산맥 동쪽에 있는 슬로베니아는 국토의 대부분이 산이에요. 길이 24킬로미터에 달하는 포스토이나 석회 동굴이 유명하지요. 동굴 안을 관람하는 열차가 있을 정도로 관광객들이 많이 찾아가는 장소랍니다.

28. 아이슬란드
Iceland

수도 : 레이캬비크 인구 : 약 37만 명 면적 : 103,000㎢
언어 : 아이슬란드어 통화 : 크로나

국기의 특징

 파란색과 흰색은 아이슬란드의 국민 색으로 여겨진 색이에요. 파란색은 하늘, 흰색은 빙하, 십자는 그리스도교 국가임을 나타내요.

어떤 나라인가요?

 아이슬란드는 계란 모양의 화산섬이에요. 과거 바이킹인 프로키가 얼음밖에 보이지 않는다며 '얼음 나라'라고 이름 붙인 데에서 나라 이름이 유래되었어요. 아직도 화산이 활동 중인데 2010년에 큰 폭발이 있었어요.

29. 아일랜드
Ireland

수도 : 더블린 인구 : 약 505만 명 면적 : 70,273㎢
언어 : 아일랜드어, 영어 통화 : 유로

국기의 특징

초록색은 가톨릭교, 귤색은 프로테스탄트교를 나타내요. 흰색은 이 두 종교의 결합과 우애를 뜻해요.

어떤 나라인가요?

아일랜드는 전설 속 여신인 '에이레'와 섬을 뜻하는 말인 '랜드'가 합쳐져 만들어진 이름이에요. 오랜 세월 영국의 지배를 받았다 독립했지만, 아직도 북아일랜드는 영국에 속해 있어요. 에메랄드 섬으로 불릴 만큼 경치가 아름다운 나라예요.

30. 안도라
Andorra

수도 : 안도라라베야　인구 : 약 8만 5,000명
면적 : 468㎢　언어 : 카탈루냐어　통화 : 유로

국기의 특징

　안도라의 국기는 프랑스와 에스파냐의 영향을 받았어요. 가운데 방패 모양의 문장은 영주, 사제, 안도라를 상징하며 '힘을 모으면 강해진다'라는 뜻의 라틴어가 쓰여있어요.

어떤 나라인가요?

　안도라는 프랑스와 에스파냐 사이에 있는 작은 나라예요. 경치가 아름답고 일 년 중 반이 겨울이라 스키를 즐기러 관광객들이 많이 찾아가는 곳이에요. 물건을 살 때 세금이 부괴되지 않아 싼 가격에 살 수 있어서 '유럽의 슈퍼마켓'이라고도 불러요.

31. 알바니아
Albania

수도 : 티라나 인구 : 약 283만 명 면적 : 28,750㎢
언어 : 알바니아어 통화 : 레크

국기의 특징

 국기 가운데 있는 독수리의 머리 두 개는 각각 아시아와 유럽을 향하고 있어 알바니아가 동서양의 중간에 있음을 나타내요.

어떤 나라인가요?

 알바니아의 국민들은 자신들의 나라를 '독수리의 나라'라는 뜻의 '슈키퍼리아'라고도 불러요. 산이 많아 교통은 불편하지만, 지형을 이용해 독특하게 계단식으로 지어진 옛날 집들과 오래된 건축물들이 많이 남아 있어요.

32. 에스토니아
Estonia

수도 : 탈린 인구 : 약 132만 명 면적 : 45,230㎢
언어 : 에스토니아어 통화 : 유로

국기의 특징

파란색은 희망, 우정, 단결, 검은색은 대지, 흰색은 힘든 역사를 잊지 않겠다는 각오와 미래의 희망을 상징해요.

어떤 나라인가요?

기원전 3000년부터 에스토니아인이 발트해 부근에 정착해 살기 시작했어요. 전통문화와 언어를 소중히 여기며, 옛날부터 젖소나 돼지를 키우며 살았어요. 수도인 탈린은 여러 번의 전쟁을 경험한 도시임에도 불구하고 과거의 풍경이 유럽에서 가장 잘 보존된 도시 중 하나로 손꼽혀요.

33. 에스파냐(스페인)
Espana / Spain

수도 : 마드리드 인구 : 약 4,751만 명
면적 : 505,370㎢ 언어 : 에스파냐어 통화 : 유로

국기의 특징

　노란색은 국토, 빨간색은 국토를 지킨 피를 뜻해요. 문장은 옛 이베리아반도의 다섯 왕국의 문장을 합친 거예요.

어떤 나라인가요?

　우리가 알고 있는 '스페인'은 영어식 이름이고, '에스파냐'라고 불러요. 과거에는 배를 타고 전 세계를 다니면서 많은 나라를 차지했었어요. 세계적인 건축가 가우디가 만든 독특한 모양의 카사 밀라 그리고 아직도 건축 중인 사그라다 파밀리아 성당이 유명해요.

34. 영국
United Kingdom

수도 : 런던 인구 : 약 6,773만 명 면적 : 243,610㎢
언어 : 영어 통화 : 파운드

국기의 특징

영국의 국기는 '유니언 잭'이라고 불러요. 잉글랜드, 스코틀랜드, 아일랜드의 세 기가 합쳐져 만들어졌어요.

어떤 나라인가요?

잉글랜드, 웨일스, 스코틀랜드, 북아일랜드로 이루어진 나라예요. 세계 최초로 산업 혁명을 이루었고, 한때는 많은 나라를 차지했었어요. 축구가 시작된 나라로 박지성, 손흥민 선수 덕분에 우리에게 더 잘 알려진, 잉글랜드 프로축구 리그에는 세계적인 축구 선수들이 많이 모여 경기를 해요.

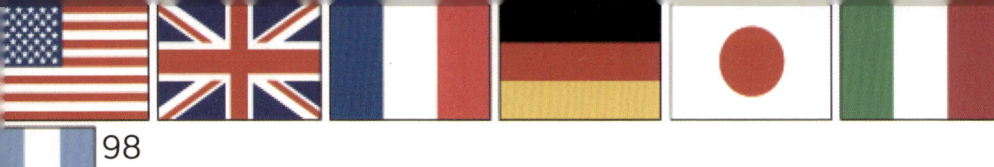

35. 오스트리아
Austria

수도 : 빈 인구 : 약 895만 명 면적 : 83,871㎢
언어 : 독일어 통화 : 유로

국기의 특징

 오스트리아의 국기는 십자군 원정 때 레오폴드 헬덴섬 공의 흰 겉옷이 허리띠만 빼고 적의 피로 빨갛게 물들었다는 이야기에서 유래되었어요.

어떤 나라인가요?

 과거 유럽 예술과 문화의 중심지로 모차르트, 하이든, 브람스 등 유명한 음악가들이 탄생한 나라예요. 오랜 전통을 자랑하는 '빈 소년 합창단'은 유명하지요. 경치가 아름다운 오스트리아의 할슈타트는 영화 겨울 왕국의 배경이 된 도시로 알려져 있어요.

36. 우크라이나
Ukraine

수도 : 키이우(키예프) 인구 : 약 3,674만 명
면적 : 603,550㎢ 언어 : 우크라이나어 통화 : 흐리우냐

국기의 특징

파란색은 하늘과 산, 물결을 노란색은 금빛 대지를 상징해요.

어떤 나라인가요?

러시아를 제외하면 유럽 전체에서 가장 땅이 넓은 나라예요. 넓은 땅에 곡식도 잘 자라 '유럽의 곡창 지대'라 불릴 만큼 농산물이 많이 나오는 나라예요. 수도 키이우(키예프)에는 성 소피아 성당 등 역사적으로 중요한 유적들이 많이 남아 있어요.

37. 이탈리아
Italy

수도 : 로마 인구 : 약 5,887만 명 면적 : 301,340㎢
언어 : 이탈리아어 통화 : 유로

국기의 특징

 이탈리아의 국기는 '삼색기'라 불러요. 프랑스 국기의 영향을 받아 만들어졌어요. 초록색은 자유, 흰색은 평등, 빨간색은 박애를 상징해요.

어떤 나라인가요?

 고대 로마 제국과 르네상스 문화를 꽃피워 서양 문화의 중심이 되었던 나라예요. 피사의 사탑, 콜로세움, 물의 도시 베네치아 등 다양한 문화유산과 아름다운 경치로 전 세계 관광객들이 많이 찾아가는 나라 중 하나예요. 피자와 파스타는 이탈리아를 대표하는 요리랍니다.

38. 체코
Czech

수도 : 프라하 인구 : 약 1,049만 명 면적 : 78,870㎢
언어 : 체코어 통화 : 코루나

국기의 특징

 체코의 전통적인 색인 빨간색과 흰색에 슬로바키아의 문장에서 딴 파란색을 더해 만들어진 국기예요. 빨간색은 보헤미아, 흰색은 모라비아, 파란색은 카르파티아산맥을 상징해요.

어떤 나라인가요?

 체코슬로바키아에서 분리된 나라예요. 역사가 깊은 나라답게 훌륭한 문화유산이 많고 특히 프라하에는 아름답고 오래된 건축물이 잘 보존되어 있어 관광객이 많이 찾는 장소예요. 유리 공업과 맥주 공업은 세계적으로도 유명한 체코의 전통 산업이에요.

39. 크로아티아
Croatia

수도 : 자그레브 인구 : 약 400만 명 면적 : 56,594㎢
언어 : 크로아티아어 통화 : 쿠나

국기의 특징

 빨간색, 흰색, 파란색의 삼색기로 가운데 방패 모양의 문장이 그려져 있어요. 방패 모양 위에는 5개 지방의 문장을 상징하는 왕관이 그려져 있어요.

어떤 나라인가요?

 아드리아해의 숨은 보석이라 불릴 정도로 자연경관이 아름다운 나라예요. 고대 그리스와 로마 문화의 흔적이 많이 남아 있어요. 자그레브 성당, 두브로브니크 성 등이 유명하지요. 그래서 관광객들이 많이 찾아가는 나라 중 하나랍니다.

40. 키프로스
Cyprus

수도 : 니코시아 인구 : 약 126만 명 면적 : 9,250㎢
언어 : 그리스어, 터키어 통화 : 유로

국기의 특징

 흰색 바탕에 키프로스의 지도와 올리브 나뭇잎이 그려져 있어요. 올리브 나뭇잎은 평화와 화해를 상징해요.

어떤 나라인가요?

 지중해의 작은 섬나라로, 아시아와 유럽, 아프리카를 연결하는 중요한 위치에 있어요. 그리스 신화의 미의 여신 아프로디테의 탄생에 얽힌 전설이 전해지고 있는 나라예요. 세계적인 작가 셰익스피어의 작품 '오셀로'의 배경이 된 나라이기도 해요.

41. 포르투갈
Portugal

수도 : 리스본 **인구** : 약 1,024만 명 **면적** : 92,090㎢
언어 : 포르투갈어 **통화** : 유로

국기의 특징

 초록색은 희망, 빨간색은 혁명의 피를 상징해요. 문양 중 바깥쪽은 천구의를 나타내는 것으로 항해술과 해외 항로의 발견을, 안쪽에 7개의 성은 무어인과 싸웠던 성을 뜻해요.

어떤 나라인가요?

 과거에는 세계에서 가장 넓은 땅을 차지한 적이 있었던 나라예요. 배를 타고 멀리 가는 항해술이 발달하여 유럽에서 아프리카, 인도, 브라질 등으로 가는 항로를 개척했어요. 리스본 항구 입구에는 그 당시를 기념한 건축물인 벨렘 탑이 남아있어요.

42. 폴란드
Poland

수도 : 바르샤바 인구 : 약 4,102만 명
면적 : 312,685㎢ 언어 : 폴란드어 통화 : 즈워티

국기의 특징

 흰색과 빨간색은 폴란드를 상징하는 색이에요. 흰색은 환희, 빨간색은 독립을 뜻해요.

어떤 나라인가요?

 한때는 중부 유럽의 모든 지역을 차지할 만큼 넓은 땅을 가진 나라였어요. 나라 곳곳에 풍부한 문화유산이 많으며, 민요와 교회 음악이 발달했어요. 코페르니쿠스, 퀴리 부인, 쇼팽 등 각 분야에서 세계적으로 유명한 사람들이 많이 태어난 나라예요.

43. 프랑스
France

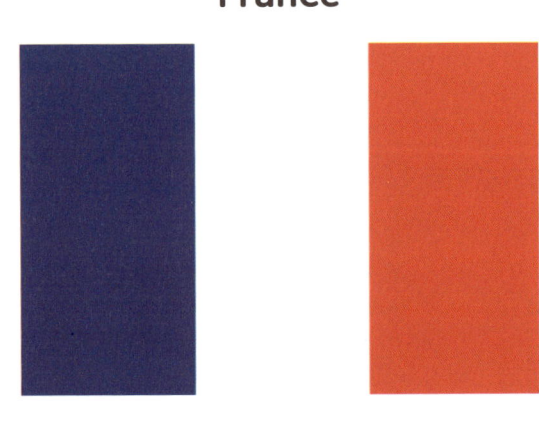

수도 : 파리 인구 : 약 6,475만 명 면적 : 643,810㎢
언어 : 프랑스어 통화 : 유로

국기의 특징

 프랑스의 국기는 삼색기라 불러요. 파란색은 자유, 흰색은 평등, 빨간색은 박애를 상징해요.

어떤 나라인가요?

 일찍이 시민 혁명이 일어나 국민의 정치적 자유를 만들어, 근현대 유럽 문화에 결정적인 영향을 준 나라예요. 개선문, 에펠탑, 루브르 박물관 등 유명한 장소가 많아 전 세계의 관광객들이 찾아가는 나라이기도 해요. 프랑스의 포도주와 요리도 유명하답니다.

44. 핀란드
Finland

수도 : 헬싱키 인구 : 약 554만 명 면적 : 338,420㎢
언어 : 핀란드어, 스웨덴어 통화 : 유로

국기의 특징

 파란색은 호수와 하늘, 흰색은 눈을 상징해요. 십자가 모양은 그리스도교 국가이면서 스칸디나비아 제국의 일원임을 뜻해요.

어떤 나라인가요?

 핀란드는 여름에 몇 달 동안 해가 지지 않는 백야 현상이 일어나기도 해요. 사우나는 핀란드에서 시작되었는데, 핀란드어로 목욕이라는 뜻이에요. 전 세계 어린이들이 산타클로스에게 편지를 쓰면 산타클로스가 사는 핀란드의 로바니에미 마을로 편지가 온답니다.

45. 헝가리
Hungary

수도 : 부다페스트 인구 : 약 1,015만 명
면적 : 93,030㎢ 언어 : 헝가리어 통화 : 포린트

국기의 특징

 오스트리아와의 독립 전쟁 때 처음 사용되었어요. 빨간색은 힘, 흰색은 성실, 초록색은 희망을 상징해요.

어떤 나라인가요?

 헝가리는 도나우강 중간에 위치한 나라예요. 수도인 부다페스트는 도나우강을 중심으로 부다와 페스트로 나뉘어요. 부다페스트는 경치가 아름다워 '도나우강의 진주'라고도 불려요. 헝가리는 1,000여 개의 온천이 있는 온천 국가로도 유명해요.

109

Ⅲ. 아메리카
America

1. 가이아나
Guyana

수도 : 조지타운 인구 : 약 81만 명 면적 : 214,970㎢
언어 : 영어 통화 : 가이아나 달러

국기의 특징

 가이아나의 국기는 금빛 화살촉이라 불러요. 초록색은 농지와 산림, 흰색은 강을 비롯한 수자원, 노란색은 광물자원, 빨간색은 국가 건설을 위한 정열과 힘, 검은색은 인내력을 상징해요.

어떤 나라인가요?

 남아메리카 대륙 북부에 있는 나라예요. 가이아나는 원주민의 말로 '물의 고향'이라는 뜻이에요. 국토의 대부분이 숲으로 뒤덮여있고, 높은 곳에서 많은 양의 물이 떨어지는 카이에테우르 폭포가 유명해요. 광물자원과 설탕을 많이 수출하는 나라랍니다.

2. 과테말라
Guatemala

수도 : 과테말라 인구 : 약 1,809만 명
면적 : 108,889㎢ 언어 : 에스파냐어 통화 : 케찰

국기의 특징

좌우의 파란색은 태평양과 대서양, 흰색은 평화에 대한 희망, 월계수 가지는 승리와 영광을 상징해요. 자유를 상징하는 과테말라의 새 '케트살' 옆에 '1821년 9월 15일, 자유'라고 쓰여 있어요.

어떤 나라인가요?

과테말라는 고대 마야 문명의 중심지예요. 마야 문명의 유적이 많이 남아있는데, 특히 티칼 국립공원은 마야 문명의 가장 큰 도시 유적으로 손꼽혀요. 화산 지역에서 재배하는 과테말라의 커피는 커피를 좋아하는 사람들 사이에서 유명하답니다.

3. 그레나다
Grenada

수도 : 세인트조지스 인구 : 약 11만 명 면적 : 345㎢
언어 : 영어 통화 : 동캐리비안 달러

국기의 특징

  노란색은 부, 초록색은 농업과 번영, 빨간색은 독립을 상징해요. 7개의 별은 그레나다의 7개 지역을 나타내요. 왼쪽에는 특산물인 육두구가 그려져 있어요.

어떤 나라인가요?

  화산섬 그레나다와 주변 섬들로 이루어진 나라예요. 경치가 아름다워 많은 관광객이 찾아간답니다. '향료의 섬'이라 불릴 만큼 향료를 많이 생산해요. 국기에도 그려져 있는 육두구와 카카오 등이 그레나다의 특산품이에요.

4. 니카라과
Nicaragua

수도 : 마나과 **인구** : 약 704만 명 **면적** : 130,370㎢
언어 : 에스파냐어 **통화** : 코르도바

국기의 특징

 파란색은 태평양과 카리브해, 흰색은 국토와 순수, 화산과 햇살 등이 그려진 삼각형은 동일성을 상징해요. 삼각형 주변에는 '중앙아메리카 니카라과 공화국'이라고 쓰여 있어요.

어떤 나라인가요?

 니카라과는 중앙아메리카에 위치한 나라예요. 니카라과의 서쪽은 아직도 활동 중인 화산들과 언덕으로 이어져 있어요. 2015년에도 폭발한 적 있던 모모톰보 화산이 유명해요. 니카라과의 마나과 호수는 세계에서 유일하게 민물 상어가 사는 곳이에요.

5. 도미니카공화국
Dominican Republic

수도 : 산토도밍고 인구 : 약 1,133만 명 면적 : 48,670㎢
언어 : 에스파냐어 통화 : 도미니카 페소

국기의 특징

 파란색은 바다의 신과 평화, 빨간색은 조국을 위해 흘린 피, 흰색은 자유, 흰색 십자는 순결을 상징해요. 가운데 문양은 올리브 가지와 야자수 받침 위에 성경과 십자가, 창에 묶인 국기가 그려져 있어요.

어떤 나라인가요?

 도미니카공화국은 카리브해와 대서양 사이에 있는 섬나라예요. 아메리카 대륙에서 가장 먼저 지은 산타마리아 라메노르 대성당이 있어요. 독특한 문화적 전통을 지니고 있고, '메렝게'라는 전통 춤을 즐겨요. 야구를 잘하는 나라로 유명하답니다.

6. 도미니카연방
Commonwealth of Dominica

수도 : 로조 인구 : 약 7만 명 면적 : 751㎢
언어 : 영어, 프랑스어 통화 : 동카리브 달러

국기의 특징

초록색은 국토, 노란색은 카리브 인디언과 태양, 검은색은 국민의 대다수인 흑인, 흰색은 냇물의 맑음과 순수를 상징해요. 십자는 기독교를 나타내요. 가운데에는 나라의 새인 앵무새가 그려져 있어요.

어떤 나라인가요?

도미니카연방은 화산이 터지면서 만들어진 섬나라예요. 대부분의 땅이 산과 숲으로 덮여 있는 자연환경 덕에 경치가 아름다워 '앤틸의 진주'라고 불려요. 오랫동안 영국의 통치를 받아 영국의 문화가 아직도 많이 남아 있어요.

7. 멕시코
Mexico

수도 : 멕시코시티 **인구** : 약 1억 2,845만 명
면적 : 1,964,375㎢ **언어** : 에스파냐어 **통화** : 페소

국기의 특징

초록색은 독립과 희망, 흰색은 순수와 통일, 빨간색은 통합과 희생을 상징해요. 뱀을 문 독수리 그림은 아즈텍 건국 전설에서 유래되었어요.

어떤 나라인가요?

고대 마야 문명과 아즈텍 문명 등 높은 수준의 문화를 꽃피웠던 나라예요. '신의 도시'라 불리는 테오티우아칸은 우리나라 여의도의 약 4배에 달하는 큰 유적지예요. 태양의 피라미드, 달의 피라미드가 유명해요. 날씨가 더워서 어딜 가도 선인장을 볼 수 있답니다.

8. 미국
United States of America

수도 : 워싱턴 D.C. **인구** : 약 3억 3,999만 명
면적 : 9,833,517㎢ **언어** : 영어 **통화** : 미국 달러

국기의 특징

 미국의 국기는 '성조기'라 불러요. 13개의 줄은 독립선언 당시의 13개의 주, 50개의 별은 현재의 50개의 주를 상징해요.

어떤 나라인가요?

 북아메리카 대륙의 48개의 주와 하와이, 알래스카로 이루어진 나라예요. 세계 곳곳에서 모여든 여러 민족이 살고 있어요. 전 세계 사람들이 즐겨 입는 청바지는 미국에서 처음으로 만들어졌어요. 경제, 문화 등 여러 방면에서 세계 각국에 영향을 주는 나라랍니다.

9. 바베이도스
Barbados

수도 : 브리지타운 인구 : 약 28만 명 면적 : 430㎢
언어 : 영어 통화 : 바베이도스 달러

국기의 특징

 파란색은 카리브해와 대서양, 노란색은 국토와 부를 상징해요. 가운데 문양은 바다의 신 '넵튠의 창'으로 손잡이가 없고 끝을 꺾어 역사적, 정치적 속박에서 해방됨을 뜻해요.

어떤 나라인가요?

 카리브해에 있는 섬나라예요. 바베이도스는 스페인어로 '수염 난 사람'이라는 뜻인데, 이 섬에 털이 나 있는 무화과나무가 많아서 유래되었다고 해요. 오랜 세월 영국의 지배를 받아 아직도 영국의 문화가 많이 남아있어 '카리브해의 작은 영국'이라고도 불러요.

10. 바하마
Bahamas

수도 : 나소 인구 : 약 41만 명 면적 : 13,880㎢
언어 : 영어 통화 : 바하마 달러

국기의 특징

파란색은 카리브해와 대서양, 노란색은 토지와 태양, 검은색 삼각형은 풍부한 자원을 개발하는 국민의 활기, 결단력을 상징해요.

어떤 나라인가요?

700여 개의 섬과 2,000여 개의 암초와 산호초로 이루어진 섬나라예요. 옛날에는 해적들이 살던 섬이었어요. 영화 '캐리비안의 해적'에도 등장하는 해적 '검은 수염'이 자주 들렸던 섬이기도 해요. 지금은 아름다운 자연 경치를 즐기며 휴식하기 위한 관광객들이 많이 찾는 나라 중 하나예요.

11. 베네수엘라
Venezuela

수도 : 카라카스 **인구** : 약 2,883만 명 **면적** : 912,050㎢
언어 : 에스파냐어 **통화** : 볼리바르

국기의 특징

 노란색은 부와 고귀함, 파란색은 카리브해, 빨간색은 독립을 위해 흘린 피와 명예를 상징해요. 8개의 별은 독립 선언에 참여한 7개 주와 독립 영웅 시몬 볼리바르를 나타내요. 왼쪽의 문장은 자유를 뜻해요.

어떤 나라인가요?

 남아메리카 북부에 있는 나라로, 정식 명칭은 '베네수엘라 볼리바르 공화국'이에요. 베네수엘라의 '앙헬 폭포'는 세계에서 가장 높은 폭포로 높이가 979m나 돼요. 세계에서 가장 아름다운 미인을 뽑는 대회인 미스 유니버스에서 여러 차례 우승한 거로 유명해요.

12. 벨리즈
Belize

수도 : 벨모판 인구 : 약 41만 명 면적 : 22,970㎢
언어 : 영어 통화 : 벨리즈 달러

국기의 특징

 가운데 문장 안에는 특산물인 마호가니 나무와 주민, 범선이 그려져 있으며, '산림과 함께 번영한다'라는 글이 쓰여 있어요. 그 주위를 50개의 올리브 잎사귀가 둘러싸고 있어요.

어떤 나라인가요?

 고대 마야 문명을 꽃피웠던 지역으로, 신전을 비롯한 유적들이 많이 남아 있어요. 마호가니 등 목재로 쓰이는 나무가 많이 자라라는 나라예요. 지구 북쪽에서 가장 넓은 산호초 보호 지역이 있어요. 그래서 경치가 아름다워 '카리브해의 보석'이라 불러요.

13. 볼리비아
Bolivia

수도 : 라파스 인구 : 약 1,238만 명 면적 : 1,098,580㎢
언어 : 에스파냐어 통화 : 볼리비아노

국기의 특징

 빨간색은 군인과 동물, 노란색은 광물자원, 초록색은 대지를 상징해요. 가운데 문장에는 콘도르, 알파카, 빵나무 등이 그려져 있어요. 볼리비아 안에서는 문장이 없는 국기를 사용하기도 해요.

어떤 나라인가요?

 남아메리카 중앙에 위치한 나라예요. 볼리비아의 서쪽은 해발 6,000m급의 높은 산들로 이루어져 있어요. 지각변동으로 솟아오른 바다가 오랜 세월을 걸쳐 물은 사라지고 소금만 남아 만들어진 우유니 소금호수는 경관이 아름다워 관광객지로 유명하답니다.

14. 브라질
Brazil

수도 : 브라질리아 인구 : 약 2억 1,642만 명
면적 : 8,514,880㎢ 언어 : 포르투갈어 통화 : 헤알

국기의 특징

 초록색은 농업과 산림, 노란색은 광업, 파란색은 하늘을 상징해요. 흰색 리본에는 '질서와 진보'라고 쓰여 있어요.

어떤 나라인가요?

 남아메리카에서 가장 넓은 나라로, 세계에서 5번째로 큰 나라예요. 브라질 땅의 절반 정도를 차지하는 아마존강 주변은 세계에서 가장 넓은 열대 우림이 있어요. 월드컵에서 여러 번 우승할 정도로 축구를 잘하고 좋아하는 나라예요. 정열적인 삼바 춤을 추는 화려한 축제가 유명해요.

15. 세인트루시아
Saint Lucia

수도 : 캐스트리스 인구 : 약 18만 명 면적 : 616㎢
언어 : 영어 통화 : 동카리브 달러

국기의 특징

하늘색은 충성심, 검은색과 흰색은 협력과 단일성, 노란색은 태양과 발전을 상징해요. 검은색과 노란색 삼각형은 세인트루시아의 상징인 피통스 화산을 나타내요.

어떤 나라인가요?

카리브해와 대서양 사이에 있는 작은 화산섬으로 이루어진 나라예요. 경치가 아름다워 많은 사람이 찾는 관광지 중 하나예요. 주로 농사를 짓고 사는데 사탕수수, 바나나, 코코넛, 카카오 등을 많이 길러요.

16. 세인트빈센트 그레나딘
Saint Vincent and The Grenadines

수도 : 킹스타운 인구 : 약 10만 명 면적 : 389㎢
언어 : 영어 통화 : 동카리브 달러

국기의 특징

파란색은 바다와 하늘, 노란색은 국민성과 모래, 초록색은 농업과 생명력을 상징해요. V자 모양으로 그려진 초록색 다이아몬드는 승리와 나라의 섬들이 보석과 같다는 것을 뜻해요.

어떤 나라인가요?

서인도 제도의 세인트빈센트 섬과 그레나딘 제도의 섬으로 이루어진 나라예요. 화산섬이 많으며, 아직도 활동 중인 화산들이 있어요. 주로 농사를 짓고 사는데 바나나와 토란이나 감자와 비슷한 타로라는 식물이 잘 자라 많이 키워요.

17. 세인트키츠 네비스
Saint Kitts and Nevis

수도 : 바스테르 인구 : 약 5만 명 면적 : 261㎢
언어 : 영어 통화 : 동카리브 달러

국기의 특징

2개의 흰 별은 세인트키츠섬과 네비스섬을 상징해요. 초록색은 국토, 노란색은 태양, 검은색은 아프리카의 유산, 빨간색은 노예제도에 대한 투쟁을 뜻해요.

어떤 나라인가요?

카리브해 동쪽에 세인트키츠섬과 네비스섬으로 이루어진 나라예요. 주로 농사를 짓고 살며 특히 설탕을 만드는 사탕수수를 많이 길러요. 영국의 영향으로 야구와 비슷한 운동인 크리켓을 가장 좋아하며, 경마와 축구도 인기가 많아요. 바닷가에서는 갈색사다새 등 여러 가지 동물을 볼 수 있어요.

18. 수리남
Surinam

수도 : 파라마리보　인구 : 약 62만 명　면적 : 163,820㎢
언어 : 네덜란드어　통화 : 수리남 달러

국기의 특징

 빨간색은 더 나은 생활로의 진보, 흰색은 정의와 자유, 초록색은 풍요로운 국토와 희망, 노란색 별은 빛나는 미래를 상징해요.

어떤 나라인가요?

 남아메리카 북쪽 끝에 위치한 수리남은 보크사이트라는 지하자원이 많이 나오는 나라 중 하나예요. 땅의 대부분이 숲으로 우거져 있어서 다양한 동식물들이 살아요. 갈리비 보호구역에는 여러 종류의 바다거북이 알을 낳기 위해 찾아오기도 한답니다.

19. 아르헨티나
Argentina

수도 : 부에노스아이레스　인구 : 약 4,577만 명
면적 : 2,780,400㎢　　언어 : 에스파냐어
통화 : 아르헨티나 페소

국기의 특징

 하늘색은 하늘, 흰색은 땅을 상징해요. 가운데 사람 얼굴 모습의 태양은 '5월의 태양'이라 불리는데 잉카 문명의 신화에서 유래되었어요.

어떤 나라인가요?

 남아메리카에서 브라질 다음으로 넓은 나라예요. 세계적 음악으로 인정받고 있는 탱고가 시작된 곳이에요. 브라질과 국경지대에 세계 3대 폭포 중 하나인 '이구아수 폭포'가 있어요. 축구를 좋아하고 많은 프로팀이 있어요.

20. 아이티
Haiti

수도 : 포르토프랭스   인구 : 약 1,172만 명
면적 : 27,750㎢   언어 : 프랑스어, 크레올어
통화 : 구르드

국기의 특징

파란색과 빨간색 바탕의 가운데에 자유를 상징하는 야자나무 그림과 '단결은 힘'이라는 글자가 쓰여 있어요.

어떤 나라인가요?

아이티는 '산이 많은 땅'이라는 뜻으로 이름처럼 많은 땅이 산으로 되어있어요. 아이티 사람들은 아프리카에서 잡혀 온 흑인 노예들이었지만 자신의 힘으로 자유를 되찾았어요. 2010년에는 큰 지진이 일어나 어려움을 겪었어요.

21. 엔티가바부다
Antigua and Barbuda

수도 : 세인트존스 인구 : 약 9만 명 면적 : 443㎢
언어 : 영어 통화 : 동카리브 달러

국기의 특징

 빨간색과 파란색은 힘과 희망, 검은색은 국민, 노란색과 흰색은 자연을 상징해요. 태양은 자유로운 새 시대를 뜻해요.

어떤 나라인가요?

 카리브해 동쪽에 앤티카섬, 바부다섬, 레돈다섬으로 이루어진 나라예요. 앤티카섬에 사람들이 살며, 레돈다섬은 사람이 살지 않는 무인도예요. 푸른 바다와 모래사장이 만든 경치가 아름다워 휴식을 즐기러 많은 관광객이 찾아가는 곳이에요.

22. 에콰도르
Ecuador

수도 : 키토 인구 : 약 1,819만 명 면적 : 283,561㎢
언어 : 에스파냐어 통화 : 미국 달러

국기의 특징

노란색은 부와 태양, 파란색은 하늘과 바다와 아마존강, 빨간색은 독립운동에서 흘린 피를 상징해요. 가운데 문장 안에는 화산인 침보라소산, 상선, 콘도르 등이 그려져 있어요.

어떤 나라인가요?

에콰도르는 콜롬비아, 페루와 접해 있으며 태평양의 갈라파고스 제도가 포함돼요. 에콰도르는 적도라는 뜻이에요. 실제로 이름처럼 적도가 에콰도르의 북쪽을 지나가요. 갈라파고스 제도에는 바다이구아나, 갈라파고스 거북 등 희귀한 동물들이 많이 살아요.

23. 엘살바도르
El Salvador

수도 : 산살바도르 인구 : 약 636만 명 면적 : 21,041㎢
언어 : 에스파냐어 통화 : 미국 달러

국기의 특징

 파란색은 하늘과 카리브해, 흰색은 평화와 협력을 상징해요. 가운데 문장에는 '자유의 모자'와 리본에 '신, 단결, 자유'라는 글씨가 쓰여 있고, '중앙아메리카 엘살바도르 공화국'이라는 글씨로 둘러싸여 있어요.

어떤 나라인가요?

 엘살바도르는 '구세주'라는 뜻으로 과거 스페인의 알바라도 장군이 험한 산을 넘어 도착한 뒤 이름을 붙였다고 해요. 중앙아메리카에서 가장 작은 나라로, 땅의 대부분이 화산 활동으로 생겼어요. 그래서 화산이 많고 지진이 자주 일어나요.

24. 온두라스
Honduras

수도 : 테구시갈파 인구 : 약 1,059만 명 면적 : 112,490㎢
언어 : 에스파냐어 통화 : 온두라스 렘피라

국기의 특징

 파란색은 태평양과 카리브해, 흰색은 평화를 상징해요. 5개의 별은 중앙아메리카 5개국의 연합에 대한 희망을 뜻해요.

어떤 나라인가요?

 에스파냐의 지배를 받다가 독립한 이후 주변 국가들과 함께 중앙아메리카 연방 공화국을 만들었어요. 시간이 흘러 연방에서 독립했으나 잦은 분쟁과 변화를 겪었어요. 엘살바도르와는 축구 전쟁을 벌이기도 했어요. 주로 농사를 짓고 살며 바나나와 커피를 많이 키워요.

25. 우루과이
Uruguay

수도 : 몬테비데오 인구 : 약 342만 명 면적 : 176,220㎢
언어 : 에스파냐어 통화 : 우루과이 페소

국기의 특징

 파란색과 흰색의 9줄은 독립 당시의 아홉 지방을 나타내요. 왼쪽 위에는 잉카 문명의 신화에서 유래된 사람 얼굴 모습의 태양인 '5월의 태양'이 그려져 있어요.

어떤 나라인가요?

 아르헨티나와 브라질 사이에 있는 나라예요. 남아메리카에서 수리남 다음으로 작은 나라지만, 대부분의 땅이 초원으로 이루어져 있어, 가축을 키우기 좋아 세계적인 축산국이 되었어요. 주변의 브라질, 아르헨티나와 마찬가지로 축구를 매우 좋아하는 나라랍니다.

26. 자메이카
Jamaica

수도 : 킹스턴 인구 : 약 282만 명 면적 : 10,991㎢
언어 : 영어 통화 : 자메이카 달러

국기의 특징

초록색은 농업과 희망, 검은색은 고난을 이겨내려는 의지, 노란색은 태양과 천연자원을 상징해요.

어떤 나라인가요?

카리브해에 있는 섬나라예요. 보크사이트를 비롯한 지하자원이 풍부해요. 자메이카에서 생긴 레게는 세계의 대중음악에 큰 영향을 주었고, '밥 말리' 등 세계적인 레게 음악 가수들이 탄생했어요. 블루마운틴 지역에서 생산되는 커피는 '커피의 황제'라 불릴 정도로 매우 인기가 많아요.

27. 칠레
Chile

수도 : 산티아고 인구 : 약 1,962만 명
면적 : 756,102㎢ 언어 : 에스파냐어 통화 : 페소

국기의 특징

 빨간색은 독립을 위해 흘린 피, 파란색은 하늘, 흰색은 안데스산맥의 눈을 상징해요. 파란 사각형 안의 별은 나라의 자랑과 통일과 진보의 길잡이를 뜻해요.

어떤 나라인가요?

 안데스산맥을 따라 길쭉한 모양으로 생긴 나라예요. 이스터섬에 있는 신비로움이 느껴지는 얼굴 모양의 커다란 모아이 석상과 소설 '로빈슨 크루소'의 배경이 된 후안 페르난데스 섬이 유명해요. 안데스산맥의 바위산에는 남아메리카를 대표하는 새 '콘도르'가 살아요.

28. 캐나다
Canada

수도 : 오타와 인구 : 약 3,878만 명 면적 : 9,984,670㎢
언어 : 영어, 프랑스어 통화 : 캐나다 달러

국기의 특징

캐나다의 국기는 '메이플 리프 플래그'라고 불러요. 양쪽의 빨간색은 태평양과 대서양을 나타내며, 가운데에는 캐나다의 상징인 빨간 단풍잎이 그려져 있어요.

어떤 나라인가요?

러시아에 이어 세계에서 두 번째로 넓은 나라예요. 미국까지 이어지는 긴 로키산맥이 있어요. 산과 숲이 많아 경치가 좋고 풍부한 자원을 가지고 있어요. 법이나 제도가 잘 갖추어져 살기 좋은 나라로 손꼽혀요. 겨울 운동인 아이스하키를 매우 좋아하는 나라랍니다.

29. 코스타리카
Costa Rica

수도 : 산호세 인구 : 약 521만 명 면적 : 51,100㎢
언어 : 에스파냐어 통화 : 콜론

국기의 특징

 중앙아메리카 연방 국기에 자유를 뜻하는 빨간색을 더하고 둥근 문장을 그려 넣어 만들어졌어요.

어떤 나라인가요?

 코스타리카는 '풍요롭고 아름다운 해변'이라는 뜻이에요. 주로 농사를 짓고 살며 코스타리카의 커피는 고급 커피로 유명해요. 세계에서 최초로 법을 만들어 군대를 없앴어요. 코스타리카 사람들은 평화를 사랑하는 나라로서 자부심을 느끼고 있어요.

30. 콜롬비아
Colombia

수도 : 보고타 인구 : 약 5,208만 명 면적 : 1,141,750㎢
언어 : 에스파냐어 통화 : 콜롬비아 페소

국기의 특징

베네수엘라, 에콰도르와 함께 에스파냐로부터 해방운동을 할 때 사용해서 비슷하게 생겼어요. 노란색은 부와 주권, 파란색은 충성과 부귀, 빨간색은 용기와 희생을 상징해요.

어떤 나라인가요?

과거 황금의 땅 '엘도라도'라고 불렸던 나라예요. 콜롬비아의 구아타비타 호수에 많은 보물과 황금이 있다는 전설에서 유래되었어요. 실제로 콜롬비아는 에메랄드를 비롯한 지하자원이 무척 풍부해요. 전 세계에 커피를 많이 수출하는 나라 중 하나로 알려져 있답니다.

31. 쿠바
Cuba

수도 : 아바나 인구 : 약 1,119만 명
면적 : 110,860㎢ 언어 : 에스파냐어 통화 : 쿠바 페소

국기의 특징

 파란 줄은 독립운동 당시의 세 주, 흰색은 독립운동의 순수성, 빨간색은 독립을 위해 흘린 피를 상징해요. 삼각형은 자유, 평등, 박애, 흰색 별은 독립을 뜻해요.

어떤 나라인가요?

 카리브해에서 가장 큰 섬나라예요. 서식하는 식물의 종류가 많아서 '자연식물원'이라고도 불러요. 잎을 말아서 피우는 시가는 세계적으로 유명해요. 매혹적인 춤으로 알려진 룸바는 쿠바의 전통적인 춤이에요. 야구와 권투를 잘하는 나라로도 알려져 있답니다.

32. 트리니다드 토바고
Trinidad and Tobago

수도 : 포트오브스페인 인구 : 약 153만 명 면적 : 5,130㎢
언어 : 영어 통화 : 트리니다드 토바고 달러

국기의 특징

검은색은 헌신과 부, 빨간색은 태양과 용기, 흰색은 바다와 순수함을 상징해요. 2개의 흰색 선은 트리니다드 토바고의 2개의 섬과 인종평등을 뜻해요.

어떤 나라인가요?

트리니다드섬과 토바고섬 외에 21개의 작은 섬들로 이루어진 나라예요. 석유와 천연가스, 석유로 만든 제품을 많이 수출해요. 매년 2월에 열리는 축제에는 국민의 절반 이상이 참여할 정도로 인기 있어요. 강철로 만든 드럼 연주가 매우 유명해요.

33. 파나마
Panama

수도 : 파나마시티 인구 : 약 446만 명
면적 : 75,420㎢ 언어 : 에스파냐어 통화 : 발보아

국기의 특징

  파란색과 빨간색은 독립 때의 두 정당, 흰색은 평화를 상징해요. 파란색 별은 국민의 순수와 양심, 빨간색 별은 국가의 권위와 법을 뜻해요.

어떤 나라인가요?

  북아메리카와 남아메리카를 연결하는 위치에 있는 나라예요. 태평양과 대서양을 연결하는 파나마 운하로 유명하지요. 파나마 운하를 이용하면 태평양에서 대서양으로 갈 때 남아메리카로 돌아가지 않고 바로 갈 수 있어요. 과거에는 운하로 벌어들이는 돈을 모두 미국이 가져갔지만, 1999년에 권리를 돌려받았어요.

34. 파라과이
Paraguay

수도 : 아순시온 인구 : 약 686만 명 면적 : 406,750㎢
언어 : 에스파냐어, 과라니어 통화 : 과라니

국기의 특징

파라과이의 국기는 독특하게 앞면과 뒷면의 문장이 서로 달라요. 앞면에는 큰 별, 뒷면에는 사자가 그려져 있어요.

어떤 나라인가요?

파라과이는 과라니어의 '위대한 강으로부터'라는 말에서 유래되었어요. 이름처럼 세계 최대의 수력발전소 중 하나로 손꼽히는 이타이푸 수력발전소로 유명해요. 전통 공예품인 '냔두티'는 파라과이를 대표하는 화려한 거미줄 모양의 레이스예요.

35. 페루
Peru

수도 : 리마 인구 : 약 3,435만 명 면적 : 1,285,220㎢
언어 : 에스파냐어, 케추아어 통화 : 누에보 솔

국기의 특징

 국기의 색은 독립 영웅 산 마르틴 장군이 붉은 날개와 흰 가슴을 가진 새를 보고 '하양과 빨강이 자유의 색이 될 것이오'라고 말한 일화에서 유래되었어요. 가운데 문장에는 특산물인 라마와 기나나무 등이 그려져 있어요.

어떤 나라인가요?

 고대 잉카 제국이 있었던 나라예요. 높은 안데스산맥에 있는 잉카의 도시 마추픽추는 신비롭고 아름다운 도시예요. 하늘에서 봐야 전체를 볼 수 있을 정도로 큰 나스카 지상화도 유명하지요. 마추픽추와 나스카 지상화는 아직도 모든 궁금증이 해결되지 않은 신비한 장소랍니다.

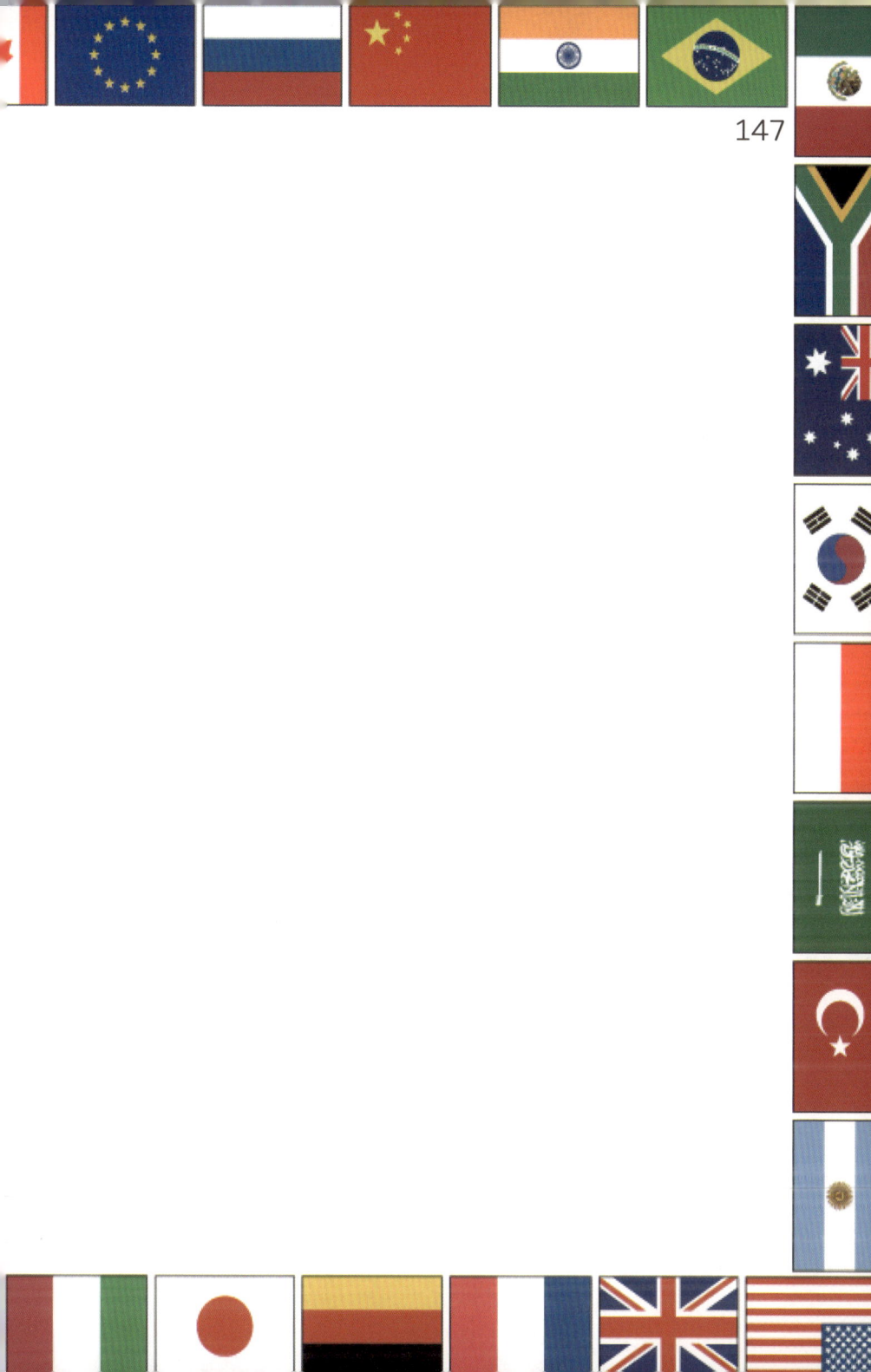

IV. 아프리카
Africa

1. 가나
Ghana

수도 : 아크라 **인구** : 약 3,412만 명
면적 : 238,537㎢ **언어** : 영어, 튀어 **통화** : 세디

국기의 특징

 아프리카에서 다른 나라보다 일찍 독립해서 다른 나라의 국기에 많은 영향을 주었어요. 빨간색은 피, 노란색은 황금과 번영에 대한 희망, 초록색은 농업과 산림, 검은색 별은 아프리카의 통일과 자유의 길잡이를 상징해요.

어떤 나라인가요?

 과거에는 '골드 코스트(황금해안)'라 불리며 유럽 나라들의 다툼이 자주 일어났던 곳이에요. 주변의 다른 나라보다 경제적으로 여유가 있는 편이에요. 우리가 알고 있는 과자 가나 초콜릿은 원재료인 카카오를 가나에서 직접 수입해 만들었다 해서 이름이 붙여졌답니다.

2. 가봉
Gabon

수도 : 리브르빌　인구 : 약 243만 명
면적 : 267,667㎢　언어 : 프랑스어　통화 : 세파 프랑

국기의 특징

초록색은 밀림, 노란색은 태양과 적도, 파란색은 바다를 상징해요.

어떤 나라인가요?

가봉은 노벨 평화상을 탄 슈바이처 박사가 헌신적인 의료 활동을 펼쳤던 곳으로 유명해요. 땅의 3분의 2가 열대 우림으로 덮여 있어서 원숭이를 비롯한 여러 동물이 모여 살고 있어요. 나무로 만든 전통 가면은 피카소나 마티스처럼 유명한 화가들의 작품에 영향을 주었답니다.

3. 감비아
Gambia

수도 : 반줄 **인구** : 약 277만 명 **면적** : 11,330㎢
언어 : 영어 **통화** : 달라시

국기의 특징

 빨간색은 다른 나라와 사이좋게 지내자는 정신과 태양, 파란색은 감비아강, 초록색은 농업과 국토, 흰색은 강을 따라 달리는 국도와 평화, 순수를 상징해요.

어떤 나라인가요?

 아프리카 서쪽에 감비아강을 따라 길쭉하게 생긴 나라예요. 주로 농사를 짓고 살며 땅콩과 땅콩으로 만든 물건을 많이 수출해요. 세네갈과의 국경지대에는 커다란 붉은색 돌기둥 천여 개가 세워진 세네감비아 환상열석이라는 유적이 있어요. 고대에 무덤을 표시한 기념물이라 알려져 있어요.

4. 기니
Guinea

수도 : 코나크리 **인구** : 약 1,419만 명
면적 : 245,857㎢ **언어** : 프랑스어 **통화** : 기니 프랑

국기의 특징

아프리카의 색을 사용한 빨강, 노랑, 초록의 삼색기예요. 빨간색은 독립투쟁에서 흘린 피, 노란색은 황금과 태양, 초록색은 농업과 산림, 번영을 상징해요.

어떤 나라인가요?

아프리카 서쪽 대서양에 접하고 있는 나라예요. 보크사이트나 금, 다이아몬드 같은 광물이 많이 나와요. 주로 농사를 지으며 사는데 커피나 카카오를 많이 키워요. 전통 악기로 연주하는 민족 음악이나 무용이 발달했어요.

5. 기니비사우
Guinea Bissau

수도 : 비사우 **인구** : 약 215만 명 **면적** : 36,125㎢
언어 : 포르투갈어 **통화** : 세파 프랑

국기의 특징

빨간색은 해안지방과 포르투갈과의 투쟁, 노란색은 사바나(초원)와 풍요, 초록색은 삼림과 농업, 검은색 별은 아프리카의 상징이자 국민과 단결을 상징해요.

어떤 나라인가요?

아프리카 서쪽 끝 기니와 세네갈 사이에 있는 나라예요. 1446년 포르투갈인에 의해 발견되어 포르투갈 최초의 해외 식민지가 되었어요. 오랫동안 포르투갈의 지배를 받았지만, 주변의 다른 나라들의 독립운동을 보고 힘을 얻어 독립을 이루었어요.

6. 나미비아
Namibia

수도 : 빈트후크 **인구** : 약 260만 명
면적 : 824,292㎢ **언어** : 영어 **통화** : 나미비아 달러

국기의 특징

 파란색은 대서양과 푸른 하늘, 빨간색은 독립을 위해 흘린 피, 초록색은 농업, 흰색은 평화와 단합을 상징해요. 왼쪽의 문양은 광물과 생물자원 그리고 나라에 사는 12개의 종족을 뜻해요.

어떤 나라인가요?

 나미비아 남쪽에는 아프리카에서 가장 큰 협곡인 '피시리버캐니언'이 있어요. 오랜 세월을 걸쳐 만들어진 협곡을 보면 자연의 위대함과 아름다움이 느껴진답니다. 나미비아의 에토샤 국립공원은 세계에서 가장 넓은 동물 보호 구역이에요. 안에는 거대한 염전이 있고 멸종 위기에 처해있는 다양한 동물들이 살아요.

7. 나이지리아
Nigeria

수도 : 아부자 **인구** : 약 2억 2,380만 명
면적 : 923,768㎢ **언어** : 영어 **통화** : 나이라

국기의 특징

 초록색은 풍부한 농산물과 농지, 흰색은 평화와 화합을 뜻해요. 초록색, 흰색, 초록색으로 나뉜 부분들은 각각 나이지리아의 주요한 부족인 하우사족과 풀라니족, 이보족, 요루바족을 나타내요.

어떤 나라인가요?

 아프리카 서쪽 기니만에 있는 나라예요. 아프리카 대륙의 국가 중 가장 많은 사람이 사는 나라랍니다. 전 세계적으로 석유가 많이 나오는 나라 중 하나이기도 해요. 예술과 운동을 좋아하는데 특히 축구를 정말 좋아하고 잘해서 올림픽에서 금메달을 딴 적도 있어요.

8. 남수단
South Sudan

수도 : 주바 인구 : 약 1,302만 명 면적 : 644,329㎢
언어 : 영어, 아랍어 통화 : 남수단 파운드

국기의 특징

검은색은 흑인, 빨간색은 자유를 위해 흘린 피, 초록색은 국토, 흰색은 평화를 나타내요. 파란색 삼각형은 나일강, 노란색 별은 단결을 상징해요.

어떤 나라인가요?

아프리카 동북부에 있는 나라로, 2011년에 수단으로부터 독립했어요. 남수단에는 여러 민족이 살고 있어서 다양한 언어, 종교, 음식, 전통이 어우러져 있어요. 여러 민족 중 하나인 딩카족의 평균 키는 남자가 190cm, 여자가 180cm로 세계에서 가장 키가 큰 민족이라 알려져 있답니다.

9. 남아프리카 공화국
Republic of South Africa

수도 : 프리토리아 **인구** : 약 6,041만 명
면적 : 1,219,090㎢ **언어** : 영어, 아프리칸스어 **통화** : 랜드

국기의 특징

 빨간색은 독립과 흑인 해방운동을 위해 흘린 피, 초록색은 농업과 국토, 노란색은 광물자원, 파란색은 하늘, 검은색과 흰색은 흑인과 백인을 상징해요. Y자 모양은 통합을 뜻해요.

어떤 나라인가요?

 아프리카 남쪽 끝에 있는 나라예요. 케이프반도 끝에는 희망봉이라 불리는 바위 곶이 있어요. 유럽에서 인도로 가는 바닷길을 찾을 때 포르투갈 왕이 이름을 붙였다고 해요. 경치도 아름다워 관광객들이 많이 찾아가는 장소예요. 펭귄을 볼 수 있는 바닷가도 인기 장소 중 하나랍니다.

10. 니제르
Niger

수도 : 니아메　인구 : 약 2,720만 명
면적 : 1,267,000㎢　언어 : 프랑스어　통화 : 세파 프랑

국기의 특징

 귤색은 독립혁명과 사하라 사막, 흰색은 평화와 순수, 초록색은 푸른 초원과 초원을 흐르는 니제르강, 가운데 원은 태양을 상징해요.

어떤 나라인가요?

 아프리카 사하라 사막 중남부에 있는 나라예요. 전 세계에서 가장 날씨가 더운 나라 중 하나로 꼽혀요. 니제르의 테네레 사막 모래 언덕은 사하라 사막 중 가장 아름다운 곳으로 유명해요. 다양한 공룡 화석이 발견되어 '공룡 묘지'라 불리는 장소가 있어요. 우라늄과 석탄과 같은 지하자원이 풍부한 나라랍니다.

11. 라이베리아
Liberia

수도 : 몬로비아 **인구** : 약 541만 명 **면적** : 111,370㎢
언어 : 영어, 토착어 **통화** : 라이베리아 달러

국기의 특징

　라이베리아의 국기는 '고독한 별'이라 불러요. 미국의 국기를 본떠 만들었어요. 11줄은 독립선언서와 헌법에 서명한 11명, 흰색 별은 아프리카에서 유일한 흑인 독립 국가였음을 상징해요.

어떤 나라인가요?

　라이베리아는 자유의 나라라는 뜻으로 미국에서 돌아온 흑인 노예들이 나라를 만들면서 이름 지었어요. 철광석과 천연고무를 많이 수출하고, 목재나 커피 등도 많이 나와요. 하마와 비슷하지만, 몸집이 작아 애기하마 또는 라이베리아 하마라 부르는 희귀한 동물도 산답니다.

12. 레소토
Lesotho

수도 : 마세루 인구 : 약 233만 명 면적 : 30,355㎢
언어 : 레소토어, 영어 통화 : 로티

국기의 특징

파란색은 비와 하늘, 물, 흰색은 평화와 깨끗함, 초록색은 국토와 풍요를 나타내요. 가운데 문양은 레소토 모자로 전통문화와 민족, 검은색은 레소토의 과거를 상징해요.

어떤 나라인가요?

아프리카 남쪽 남아프리카공화국 안에 있는 조그만 나라예요. 대부분의 땅이 남부 아프리카의 지붕이라 불릴 정도로 높은 고지로 되어 있어서 겨울에는 눈이 내리기도 해요. 양을 많이 키우고, 다른 나라에 양털을 수출해요.

13. 르완다
Rwanda

수도 : 키갈리 인구 : 약 1,409만 명 면적 : 26,338㎢
언어 : 프랑스어, 킨야르완다어 통화 : 르완다 프랑

국기의 특징

 파란색은 사랑과 평화, 노란색은 경제발전, 연두색은 국민의 힘과 자원의 개발로 번영을 이루자는 희망을 상징해요. 황금빛 태양은 통일과 미래에 대한 희망을, 태양의 빛은 투명성을 나타내요.

어떤 나라인가요?

 아프리카 중앙에 있는 나라예요. 대부분의 땅이 높은 산이지만 경치가 아름다워 아프리카의 스위스라고 불러요. 커피를 많이 기르는데, 품질이 좋다고 알려져 있어요. 르완다의 높은 산에는 세계에서 몇백 마리 없는 희귀한 동물인 산고릴라가 살아요.

14. 리비아
Libya

수도 : 트리폴리 인구 : 약 688만 명 면적 : 1,759,540㎢
언어 : 아랍어 통화 : 리비아 디나르

국기의 특징

 기존의 초록색 국기에서 2011년 리비아의 시민들이 독재 정치를 몰아낸 후 빨강, 검정, 초록의 삼색기에 흰색 초승달과 별이 있는 옛 리비아 왕국의 국기로 바꿨어요.

어떤 나라인가요?

 아프리카 북부 바닷가에 위치한 나라예요. 고대 로마와 오스만 제국의 지배를 받은 적이 있었고, 아직도 로마 시대의 유적들이 많이 남아 있어요. 사하라 사막의 일부인 리비아 사막이 나라 전체에 걸쳐 있어요. 무척 더워서 세계 최고기온인 58도를 기록한 적도 있답니다.

15. 마다가스카르
Madagascar

수도 : 안타나나리보　인구 : 약 3,032만 명
면적 : 587,040㎢　언어 : 프랑스어, 말라가시어
통화 : 마다가스카르 아리아리

국기의 특징

 흰색은 자유, 빨간색은 애국, 초록색은 진보를 상징해요.

어떤 나라인가요?

 아프리카 남동쪽에 위치한 세계에서 네 번째로 큰 섬나라예요. 인도네시아에서 온 사람들이 맨 처음 살기 시작해 아프리카의 아시아라고 불러요. 신기한 동물들과 식물들이 많이 살고 있지요. 동화 '어린 왕자'에도 나오는 커다란 바오바브나무는 마다가스카르의 상징이에요.

16. 말라위
Malawi

수도 : 릴롱궤 인구 : 약 2,093만 명 면적 : 118,484㎢
언어 : 영어, 치체와어 통화 : 말라위 콰차

국기의 특징

검은색은 아프리카인, 빨간색은 자유와 독립을 위하여 흘린 피, 초록색은 자연, 붉은 태양은 아프리카의 희망과 자유의 여명을 상징해요.

어떤 나라인가요?

아프리카 남동쪽에 위치한 나라예요. 말라위는 이 지역에 있던 마라비 왕국에서 유래된 이름이에요. 아프리카에서 세 번째로 큰 말라위 호수가 있어요. 산으로 둘러싸여 아름다운 말라위 호수에는 여기에서만 사는 특별한 물고기들이 많이 있어요.

17. 말리
Mali

수도 : 바마코 인구 : 약 2,329만 명 면적 : 1,240,190㎢
언어 : 프랑스어, 아랍어 통화 : 세파 프랑

국기의 특징

초록색은 자연과 농업, 노란색은 순결과 천연자원, 빨간색은 독립을 위하여 흘린 피와 용기를 상징해요.

어떤 나라인가요?

사하라 사막 서쪽에 있는 나라예요. 지하자원이 풍부하지만, 아직 개발되지 않아 대부분 농사를 짓거나 가축을 기르며 생활해요. 말리에 있는 '젠네 모스크'는 진흙으로 구운 벽돌로 지은 세계 최대의 사원으로 유명해요.

18. 모로코
Morocco

수도 : 라바트 **인구** : 약 3,784만 명 **면적** : 446,550㎢
언어 : 아랍어 **통화** : 모로코 디르함

국기의 특징

 빨간색은 순교자의 피와 왕실, 초록색은 평화와 자연을 상징해요. 가운데의 별은 '술레이만의 별'이라 부르며 별의 5개 각은 이슬람교의 5가지 율법을 뜻해요.

어떤 나라인가요?

 아프리카 북쪽 끝에 있는 나라예요. 올리브를 많이 길러서 수출해요. 영화 '카사블랑카'의 배경이 된 항구 도시 카사블랑카는 유럽과 이슬람의 문화가 다양하게 섞여 있어 볼거리가 많아 모로코의 유명한 관광지 중 하나로 알려져 있어요.

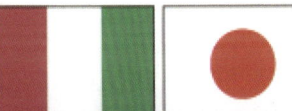

19. 모리셔스
Mauritius

수도 : 포트루이스 **인구** : 약 130만 명 **면적** : 2,040㎢
언어 : 영어, 크레올어 **통화** : 모리셔스 루피

국기의 특징

 빨강, 파랑, 노랑, 초록의 4 색기로, 4개의 띠는 다민족 국가로서의 협력과 번영을 뜻해요. 빨간색은 독립을 위해 흘린 피, 파란색은 인도양, 노란색은 자유와 태양, 초록색은 농업과 국토를 나타내요.

어떤 나라인가요?

 아프리카 동쪽 인도양 남서부에 있는 나라예요. 모리셔스섬과 로드리게스섬, 그리고 주위의 섬들로 이루어진 섬나라로 자연이 아름다워 '인도양의 낙원'이라 불러요. 지금은 사라진 도도새라는 동물이 살았던 섬이에요.

20. 모리타니
Mauritania

수도 : 누악쇼트 인구 : 약 486만 명 면적 : 1,030,700㎢
언어 : 아랍어, 프랑스어 통화 : 우기야

국기의 특성

 초승달과 별은 이슬람교를 상징해요. 이슬람교의 성스러운 색이기도 한 초록색은 사하라 사막을 푸른 들판으로 만들겠다는 희망을 뜻해요.

어떤 나라인가요?

 사하라 사막 북서쪽, 대서양과 가까이 있는 나라예요. 땅의 대부분이 건조한 사막이지만, 철광석을 비롯한 지하자원이 풍부해요. 대서양에서 다양한 바다 생물을 잡아 다른 나라에 많이 수출해요. 특히 모리타니의 문어는 크고 모양이 좋아서 세계적으로 인기가 높아요.

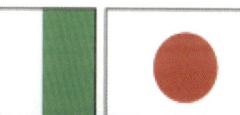

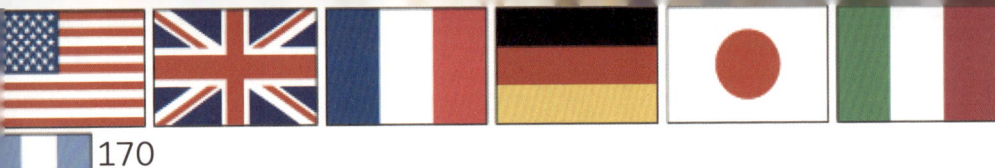

21. 모잠비크
Mozambique

수도 : 마푸투　인구 : 약 3,389만 명
면적 : 799,380㎢　언어 : 포르투갈어　통화 : 메티칼

국기의 특징

 초록색은 국토와 산림, 검은색은 국민, 노란색은 광물자원, 빨간색은 독립을 위해 흘린 피를 상징해요. 빨간색 삼각형 위에 그림은 모잠비크의 표어인 '면학, 생산, 투쟁'을 뜻해요.

어떤 나라인가요?

 아프리카 대륙 남동부에 있는 나라예요. 옛날부터 유럽에서 인도로 가는 배들이 다니는 길이라서 항구가 발달했어요. 오늘날에도 기름을 실은 유조선이 많이 다녀요. 주로 농사를 짓고 살며, 캐슈 나무의 열매인 캐슈너트를 많이 키워서 다른 나라에 수출해요.

22. 베냉
Benin

수도 : 포르토노보 인구 : 약 1,371만 명 면적 : 112,622㎢
언어 : 프랑스어, 토착어 통화 : 세파 프랑

국기의 특징

초록, 빨강, 노랑은 아프리카를 상징하는 색이에요. 초록색은 산림과 사바나, 노란색은 향상, 빨간색은 피와 용기를 뜻해요.

어떤 나라인가요?

아프리카 서쪽 기니만에 있는 나라예요. 옛날에 아보메 왕국이 있었던 곳으로 그 당시 왕궁이 남아 있어요. 베냉에서 만드는 청동 조각품은 정교하고 아름다워 골동품 수집가들에게 유명해요. 주로 농사를 짓고 살며, 마가린의 원료가 되는 기름야자를 많이 키워요.

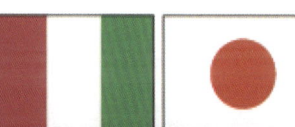

23. 보츠와나
Botswana

수도 : 가보로네 인구 : 약 267만 명
면적 : 581,730㎢ 언어 : 영어, 츠와나어 통화 : 풀라

국기의 특징

 하늘색은 보츠와나에서 매우 귀한 비와 물을 상징해요. 국가동물인 얼룩말에서 유래한 하양·검정·하양의 띠는 흑인과 백인의 단결과 순수를 뜻해요.

어떤 나라인가요?

 아프리카 남부에 있는 나라예요. 대부분의 땅이 칼라하리 사막으로 되어 있어요. 보츠와나의 쵸베 국립공원에서는 야생 동물을 가까이에서 볼 수 있어 많은 사람이 찾아가요. 다이아몬드를 비롯한 광물 자원이 많이 나온답니다.

24. 부룬디
Burundi

수도 : 부줌부라 인구 : 약 1,323만 명 면적 : 27,830㎢
언어 : 프랑스어, 키룬디어 통화 : 부룬디 프랑

국기의 특징

 빨간색은 고난과 투쟁, 초록색은 희망, 흰색은 평화를 뜻해요. 가운데의 별은 부룬디의 표어인 통일, 노동, 진보 또는 3개의 부족인 후투족, 투시족, 트와족을 상징해요.

어떤 나라인가요?

 아프리카 중앙에 있는 작은 나라예요. 깊이 1,430m로 세계에서 두 번째로 깊은 탕가니카 호수가 있어요. 탕가니카 호수는 매우 커서 부룬디뿐만 아니라 탄자니아, 콩고, 잠비아까지 걸쳐있지요. 탕가니카 호수에는 전기를 내뿜는 것으로 유명한 전기메기가 살아요.

25. 부르키나파소
Burkina Faso

수도 : 와가두구 인구 : 약 2,325만 명 면적 : 274,200㎢
언어 : 프랑스어, 모시어 통화 : 세파 프랑

국기의 특징

 빨간색은 혁명, 초록색은 농업과 임업, 노란색 별은 희망과 천연자원을 상징해요.

어떤 나라인가요?

 부르키나파소는 '정직한 사람들이 사는 땅'이라는 뜻이에요. 주로 농사를 짓고 살며 아프리카에서 가난한 나라 중 하나예요. 그래도 부르키나파소의 사람들은 전통성을 지키며 걱정 없이 행복하게 살기 위해 노력한답니다.

26. 상투메 프린시페
São Tomé and Príncipe

수도 : 상투메 인구 : 약 23만 명 면적 : 964㎢
언어 : 포르투갈어 통화 : 도브라

국기의 특징

 빨간색은 독립을 위해 흘린 피, 노란색은 국토, 초록색은 산림과 바다, 검은색은 아프리카 대륙을 뜻해요. 두 개의 별은 상투메섬과 프린시페섬을 상징해요.

어떤 나라인가요?

 화산섬인 상투메섬과 프린시페섬으로 이루어진 아프리카에서 가장 작은 나라예요. 적도 바로 아래에 있어서 무척 덥고 습도가 높아요. 주로 농사를 짓고 사는데, 초콜릿을 만드는 카카오의 생산지로 유명해요.

27. 세네갈
Senegal

수도 : 다카르 인구 : 약 1,776만 명
면적 : 196,720㎢ 언어 : 프랑스어 통화 : 세파 프랑

국기의 특징

초록색은 이슬람교와 농업과 희망, 노란색은 부와 경제발전, 빨간색은 용기와 희생을 뜻해요. 가운데의 별은 통합과 희망을 상징해요.

어떤 나라인가요?

아프리카 북서쪽에 있는 나라예요. 아프리카의 다른 나라들보다 문화 수준이 높아 우수한 작가나 시인, 영화감독이 많이 있지요. 세네갈의 다카르는 파리부터 사하라 사막을 지나 다카르까지 오는 세계 최고의 자동차 경주인 '다카르 랠리'의 도착 지점으로 유명해요.

28. 세이셸
Seychelles

수도 : 빅토리아　인구 : 약 9만 명　면적 : 455km^2
언어 : 영어, 크레올어　통화 : 세이셸 루피

국기의 특징

 파란색은 하늘과 바다, 노란색은 태양, 빨간색은 단합과 국민, 흰색은 정의와 조화, 초록색은 땅과 자연환경을 뜻해요. 사선으로 배치한 것은 미래를 향한 역동성을 나타내요.

어떤 나라인가요?

 아프리카 인도양 서부 마다가스카르 북동쪽에 있는 백여 개의 섬으로 이루어진 나라예요. 진기한 동물과 식물이 많이 살아 '인도양 최후의 낙원'이라 불려요. 특히, 덩치가 크고 무거운 코끼리거북과 열매가 큰 세이셸 야자나무가 유명해요.

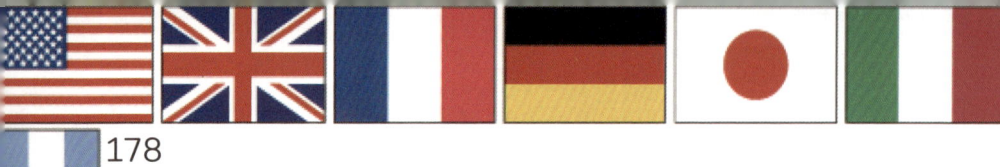

29. 소말리아
Somalia

수도 : 모가디슈 인구 : 약 1,814만 명 면적 : 637,657㎢
언어 : 소말리아어, 아랍어 통화 : 소말리아 실링

국기의 특징

 UN(국제연합)기에 영향을 받아 밝은 파란색을 써요. 가운데의 큰 별은 5개 지방의 단결을 상징해요.

어떤 나라인가요?

 아프리카 북동부에 있는 나라예요. 주로 농사를 짓거나 풀과 물을 찾아다니며 가축을 키우며 생활해요. 가뭄과 나라 안에서 일어난 전쟁 때문에 어려움을 겪었어요. 소말리아의 해적들은 세계적으로도 문제가 되고 있지요. 우리나라에서도 해적 소탕에 도움을 주기 위해 많은 사람이 갔었답니다.

30. 수단
Sudan

수도 : 카르툼 **인구** : 약 4,810만 명 **면적** : 1,861,484㎢
언어 : 아랍어, 영어 **통화** : 수단 파운드

국기의 특징

 빨간색은 피와 혁명, 흰색은 평화와 빛, 검은색은 아프리카 대륙, 초록색은 이슬람교의 번영과 행복을 상징해요.

어떤 나라인가요?

 아프리카 북동부에 있는 나라예요. 2011년 나라 안에서 전쟁이 일어나 남수단과 분리되었어요. 나일강을 따라 아주 오래전부터 찬란한 문명과 역사를 꽃피웠었던 곳이에요. 그 흔적으로 수백 개의 피라미드가 남아 있지요.

31. 시에라리온
Sierra Leone

수도 : 프리타운 **인구** : 약 879만 명 **면적** : 71,740㎢
언어 : 영어 **통화** : 레오네

국기의 특징

 초록색은 농업과 천연자원, 흰색은 통일과 정의, 파란색은 수도인 프리타운이 세계 평화에 공헌하기를 바라는 희망을 상징해요.

어떤 나라인가요?

 서아프리카에 있는 나라로 시에라리온은 '사자의 산'이라는 뜻이에요. 후추가 많이 나와서 '후추 해안'이라 부른 적도 있어요. 시에라리온의 수도 프리타운은 '아프리카의 아테네'라고 불릴 만큼 서아프리카 지역의 교육, 문화의 중심지였답니다.

32. 알제리
Algeria

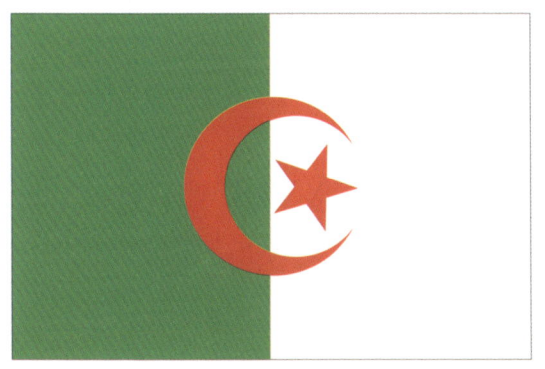

수도 : 알제 **인구** : 약 4,560만 명 **면적** : 2,381,740㎢
언어 : 아랍어, 프랑스어 **통화** : 알제리 디나르

국기의 특징

 초록색과 흰색, 초승달, 별은 이슬람 국가의 상징이에요. 초록색은 번영, 흰색은 평화를 뜻해요.

어떤 나라인가요?

 아프리카 북서부에 자리 잡고 있으며, 아프리카에서 가장 큰 나라예요. 땅은 크지만, 대부분이 사하라 사막으로 되어 있어요. 사막에서는 석유와 천연가스가 많이 나와요. 티파사는 로마의 황제 시저가 이집트의 여왕 클레오파트라를 위해 지은 건축물들이 남아 있어요.

33. 앙골라
Angola

수도 : 루안다 인구 : 약 3,668만 명 면적 : 1,246,700㎢
언어 : 포르투갈어, 반투어 통화 : 콴자

국기의 특징

 빨간색은 독립 전쟁에서 흘린 피, 검은색은 아프리카 대륙, 노란색은 광물자원과 국토를 상징해요. 가운데 문장의 별은 사회주의와 진보, 톱니바퀴는 공업화와 노동자, 손도끼는 농업과 농민을 뜻해요.

어떤 나라인가요?

 아프리카 남서부에 있는 나라예요. 포르투갈의 오랜 지배를 받아 아직도 건축 양식과 문화가 많이 남아 있어요. 석유는 물론 다이아몬드와 금 등의 지하자원이 풍부해요. 주로 농사를 짓고 사는데 커피와 목화를 많이 길러요.

34. 에리트레아
Eritrea

수도 : 아스마라 인구 : 약 374만 명 면적 : 117,600㎢
언어 : 티그리냐어, 아랍어 통화 : 낙파

국기의 특징

초록색은 농업과 대지, 파란색은 홍해, 빨간색은 투쟁에서 흘린 피, 노란 올리브 가지 무늬는 승리와 희망을 상징해요.

어떤 나라인가요?

아프리카 북동쪽 홍해 연안에 위치한 나라예요. 에리트레아도 홍해를 부르던 말이었지요. 한때는 에티오피아에 속해 있었지만, 독립을 하면서 한 지역이 중앙 정부로부터 독립한 아프리카 최초의 나라가 되었어요. 건물을 만들 때 재료가 되는 대리석을 많이 수출해요.

35. 에스와티니
Eswatini

수도 : 음바바네 **인구** : 약 121만 명 **면적** : 17,364㎢
언어 : 스와티어, 영어 **통화** : 릴랑게니

국기의 특징

 파란색은 평화와 안정, 노란색은 자원, 빨간색은 투쟁을 뜻해요. 흑인과 백인을 의미하는 검은색과 흰색이 섞인 방패와 창, 권표(권위의 상징)로 된 문장은 국가 수호를 상징해요.

어떤 나라인가요?

 남아프리카 공화국 가까이에 있는 작은 나라예요. 과거 스와질란드라 불렀지요. 2018년에 독립 50주년을 기념하며 '스와티족의 땅'이라는 뜻의 에스와티니로 나라 이름을 바꿨어요. 에스와티니는 작지만, 산이 아름다워 '아프리카의 스위스'라고도 부른답니다.

36. 에티오피아
Ethiopia

수도 : 아디스아바바 **인구** : 약 1억 2,652만 명
면적 : 1,104,300㎢ **언어** : 암하라어, 영어 **통화** : 비르

국기의 특징

초록색은 부, 노란색은 종교의 자유, 빨간색은 용기와 희생을 뜻해요. 가운데 문양은 '솔로몬의 별'이라 불러요. 별은 통합과 발전, 하늘색 원은 평화, 끊어진 별의 선은 국민과 종교의 평등을 상징해요.

어떤 나라인가요?

아프리카 북동쪽에 있는 나라예요. 아프리카에서 가장 오랜 역사를 가지고 있어요. 아프리카에서 유일하게 문자를 만들었지요. 커피의 원산지답게 맛과 향기가 좋은 커피를 생산하는 거로 유명해요. 민족의 박물관이라 불릴 정도로 80여 개가 넘는 민족이 살고 있답니다.

37. 우간다
Uganda

수도 : 캄팔라 인구 : 약 4,858만 명 면적 : 241,038㎢
언어 : 영어, 우간다어 통화 : 우간다 실링

국기의 특징

 검은색은 흑인의 아프리카, 노란색은 빛나는 태양, 빨간색은 형제애를 상징해요. 가운데 새는 우간다의 상징인 관학이라는 새가 그려져 있어요.

어떤 나라인가요?

 아프리카에서 중앙 동부에 있는 나라예요. 아프리카에서 가장 큰 빅토리아 호수를 비롯해 많은 호수와 늪이 있어요. 수많은 호수와 숲이 어우러져 경치가 아름다워요. 넓은 동물보호 지역이 많이 있는데 특히 브윈디 국립공원은 산고릴라를 보기 위해 많은 사람이 찾아간답니다.

38. 이집트
Egypt

수도 : 카이로 인구 : 약 1억 1,271만 명 면적 : 1,001,450㎢
언어 : 아랍어 통화 : 이집트 파운드

국기의 특징

 빨간색은 혁명과 투쟁의 피, 흰색은 평화와 밝은 미래, 검은색은 영광과 암흑시대를 상징해요. 가운데에는 '살라딘의 독수리'라 불리는 문장이 그려져 있어요.

어떤 나라인가요?

 아프리카 북동부에 있는 나라예요. 오래된 문명 중 하나인 이집트 문명이 시작된 곳으로 높은 수준의 문화를 꽃피웠었어요. 피라미드와 스핑크스 등 많은 유적이 남아 있지요. 이집트의 수에즈 운하는 지중해와 홍해, 인도양을 아프리카로 돌아가지 않고 바로 갈 수 있는 중요한 역할을 하고 있어요.

39. 잠비아
Zambia

수도 : 루사카 **인구** : 약 2,056만 명
면적 : 752,614㎢ **언어** : 영어 **통화** : 콰차

국기의 특징

 빨간색은 자유를 위한 투쟁, 검은색은 국민, 귤색은 광물자원, 초록색은 천연자원을 뜻해요. 위에 있는 독수리는 자유 및 고난을 이겨내는 국민의 능력을 상징해요.

어떤 나라인가요?

 아프리카 중앙 남부에 있는 나라예요. 지하자원이 풍부하며 특히 구리를 많이 수출해요. 짐바브웨와 국경을 이루며 흐르는 잠베지강에는 세계에서 가장 긴 빅토리아 폭포가 있어요. 멀리 서는 치솟는 물보라만 보이고 큰 소리밖에 들리지 않기 때문에 '천둥소리가 나는 연기'라고도 불렀어요.

40. 적도 기니
Equatorial Guinea

수도 : 말라보 **인구** : 약 171만 명 **면적** : 28,051㎢
언어 : 에스파냐어 **통화** : 세파 프랑

국기의 특징

초록색은 농업, 흰색은 평화, 빨간색은 독립을 위해 흘린 피, 파란색은 물과 바다를 뜻해요. 가운데 문장에는 국토를 나타내는 별들과 에스파냐어로 '통일, 평화, 정의'라고 써진 리본이 있어요.

어떤 나라인가요?

아프리카 서부 기니만 카메룬과 가봉 사이에 있는 나라예요. 적도 바로 위에 있어서 기온이 높고 습기가 높아요. 아프리카에서는 사람이 가장 적게 사는 나라예요. 대부분의 사람이 농사를 짓고 살며 커피나 카카오를 많이 키워요. 석유나 천연가스 등 지하자원도 풍부하답니다.

41. 중앙아프리카 공화국
Central African Republic

수도 : 방기 **인구** : 약 574만 명 **면적** : 622,984㎢
언어 : 프랑스어, 상고어 **통화** : 세파 프랑

국기의 특징

  왼쪽 위의 별은 흑인 아프리카의 사회혁명, 빨간색은 제2차 세계대전에서 흘린 피를 뜻해요. 파랑, 하양, 초록, 노랑 4줄은 콩고, 차드, 가봉, 중앙아프리카 공화국의 통합과 독립을 상징해요.

어떤 나라인가요?

  아프리카 중앙에 있는 나라로 바다가 없어요. 그래서 다양한 농산물과 목재가 생산되지만, 다른 나라와의 무역이 덜 활발해요. 다이아몬드와 목화는 중요한 수출품이지요. 초등학생 어린이의 키와 비슷한 몸집에 구두처럼 생긴 부리를 가진 넓적부리황새를 비롯해 신기한 동물들이 많이 산답니다.

42. 지부티
Djibouti

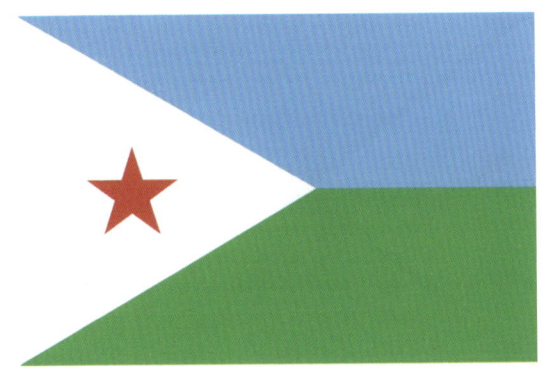

수도 : 지부티 **인구** : 약 113만 명 **면적** : 23,200㎢
언어 : 프랑스어, 아랍어 **통화** : 지부티 프랑

국기의 특징

  초록색은 아파르족, 하늘색은 이사족, 흰색 삼각형은 두 부족의 단결을 상징해요. 빨간색 별은 독립투쟁을 뜻해요.

어떤 나라인가요?

  아프리카 대륙 북동쪽 홍해 입구에 있는 나라예요. 땅의 대부분이 사막으로 되어있어요. 석유와 같은 천연자원도 없고 농사를 지을 수도 없어 풀과 물을 찾아다니며 가축을 길러요. 지부티 항구에서 에티오피아까지 이어진 철도는 지부티의 큰 재산이랍니다.

43. 짐바브웨
Zimbabwe

수도 : 하라레 **인구** : 약 1,666만 명 **면적** : 390,760㎢
언어 : 영어, 치쇼나어 **통화** : 짐바브웨 달러

국기의 특징

 초록색은 농업과 번영, 노란색은 부와 금속자원, 빨간색은 독립투쟁, 검은색은 흑인 국가, 빨간 별은 동유럽과의 연대, 독수리는 평화, 흰색 삼각형은 평화와 전진을 상징해요.

어떤 나라인가요?

 아프리카 중앙 남부에 있는 나라예요. 나라 이름은 돌집이라는 뜻인데 이름처럼 오래전에 돌로 만든 여러 가지 건축물들이 남아 있지요. 잠비아와의 국경에는 아주 큰 '빅토리아 폭포'가 있어요. 도자기 공예, 바구니 공예 등 전통공예가 아직도 잘 전해지고 있답니다.

44. 차드
Chad

수도 : 은자메나 인구 : 약 1,827만 명
면적 : 1,284,000㎢ 언어 : 아랍어, 프랑스어 통화 : 세파 프랑

국기의 특징

파란색은 하늘과 미래에 대한 희망, 노란색은 태양과 사막, 지하자원, 빨간색은 독립을 위해 흘린 피와 통일을 상징해요. 루마니아와 몰도바의 국기와 모양이 비슷해요.

어떤 나라인가요?

중앙아프리카 공화국 북쪽에 있는 나라예요. 차드의 북쪽 지방 대부분이 사하라 사막으로 되어 있어요. 예로부터 사하라 상인과 수단의 교역 중심지였던 차드 호수가 있어요. 한때는 큰 호수였지만 지금은 점점 작아지고 있지요. 차드 호수에는 길이가 2m까지 자라는 아프리카 페어를 비롯한 다양한 물고기가 산답니다.

45. 카메룬
Cameron

수도 : 야운데 인구 : 약 2,864만 명
면적 : 475,440㎢ 언어 : 영어, 프랑스어 통화 : 세파 프랑

국기의 특징

 초록색은 농업과 산림, 빨간색은 독립을 위해 흘린 피, 노란색은 사바나와 태양을 뜻해요. 가운데 별은 통일을 상징해요.

어떤 나라인가요?

 아프리카 중부 기니만에 위치한 나라예요. 카메룬에는 250개 이상의 종족이 살고 있어요. 주로 농사를 짓고 살며 카카오와 커피를 많이 길러요. 열대 우림에서 잘라낸 목재와 석유가 중요한 수출품이에요. 카메룬의 열대 우림에는 얼굴색이 화려한 맨드릴개코원숭이가 무리를 이루어 살고 있어요.

46. 카보베르데
Cape Verde

수도 : 프라이아　인구 : 약 59만 명　면적 : 4,033㎢
언어 : 포르투갈어, 크레올어　통화 : 이스쿠두

국기의 특징

　파란색은 바다와 하늘, 흰색은 평화, 빨간색은 평화를 위한 노력을 뜻해요. 원 모양을 만들며 그려져 있는 열 개의 별은 카보베르데 제도의 열 개의 큰 섬들과 통합을 상징해요.

어떤 나라인가요?

　열다섯 개의 크고 작은 섬으로 이루어진 나라예요. 카보베르데는 포르투갈어로 '푸른 곶'이라는 뜻이에요. 과거에는 유럽과 아프리카 사이를 항해하는 배들이 쉬어가는 장소이기도 했지요. 아프리카에 있지만 포르투갈의 영향을 많이 받아 유럽의 문화가 많이 남아 있어요.

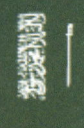

47. 케냐
Kenya

수도 : 나이로비 **인구** : 약 5,510만 명 **면적** : 580,370㎢
언어 : 영어, 스와힐리어 **통화** : 케냐 실링

국기의 특징

 검은색은 국민, 빨간색은 자유를 위한 투쟁, 초록색은 농업과 천연자원, 흰색은 통일과 평화를 상징해요. 가운데에는 마사이족의 방패와 창으로 자유 수호를 뜻해요.

어떤 나라인가요?

 아프리카 동쪽에 위치한 나라예요. 야생 동물 보호 구역이 많은 나라로 나이로비 국립공원이 유명해요. 코끼리, 사자, 기린, 얼룩말 등의 야생 동물들을 보기 위해 많은 관광객이 찾아가지요. 케냐에는 용맹하기로 유명한 마사이족이 살아요.

48. 코모로
Comoros

수도 : 모로니 인구 : 약 85만 명 면적 : 2,235㎢
언어 : 프랑스어, 아랍어 통화 : 코모로 프랑

국기의 특징

 이슬람의 성스러운 색인 초록색 바탕에 상징인 초승달과 별이 그려져 있어요. 노란색, 흰색, 빨간색, 파란색 4줄은 코모로를 구성하는 4개의 주요 섬을 상징해요.

어떤 나라인가요?

 아프리카 대륙과 마다가스카르섬 사이에 위치한 나라예요. 아이스크림이나 케이크, 과자에 들어가는 바닐라를 세계에서 가장 많이 키워요. 코모로의 깊은 바다에는 공룡이 살던 시대부터 멸종하지 않고 살아서 '살아 있는 화석'이라 불리는 실러캔스가 살고 있어요.

49. 코트디부아르
Côte d'Ivoire

수도 : 야무수크로 **인구** : 약 2,887만 명 **면적** : 322,463㎢
언어 : 프랑스어, 토착어 **통화** : 세파 프랑

국기의 특징

귤색은 국가의 번영과 북부의 사바나, 흰색은 평화와 국민의 단결, 초록색은 풍부한 원시림을 상징해요. 3가지 색이 일체가 되어 결합과 질서 및 노동에 의한 활동적인 젊음을 뜻해요.

어떤 나라인가요?

아프리카 서부 기니만에 있는 나라예요. 예전에 이 지역에서 상아가 많이 수출되어 나라 이름이 '상아 해안'이라는 뜻의 코트디부아르가 되었어요. 카카오와 커피를 많이 재배해요. 자연을 숭배하는 전통적인 토속 신앙을 믿어요. 이를 바탕으로 한 춤과 음악이 발달했어요.

50. 콩고
Congo

수도 : 브라자빌 인구 : 약 610만 명 면적 : 342,000㎢
언어 : 프랑스어, 토착어 통화 : 세파 프랑

국기의 특징

초록색은 농업과 산림, 노란색은 황금과 번영, 빨간색은 자유를 향한 투쟁과 열정을 상징해요.

어떤 나라인가요?

아프리카 중서부 대서양 연안에 있는 나라예요. 한때는 아프리카에서 석유가 가장 많이 나오는 나라였지만, 점점 양이 줄어들고 있어요. 수도 브라자빌은 여러 가지 형태의 음악과 춤을 만들어 내는 아프리카 음악의 중심지예요.

51. 콩고민주공화국
Democratic Republic of the Congo

수도 : 킨샤사　**인구** : 약 1억 226만 명
면적 : 2,344,860㎢　**언어** : 프랑스어, 링갈라어
통화 : 콩고 프랑

국기의 특징

 파란색은 하늘과 자유, 빨간색은 독립을 위해 흘린 피, 노란색 선과 노란색 별은 아프리카의 민족정신과 아프리카 문명의 독립을 상징해요.

어떤 나라인가요?

 아프리카에서 세 번째로 넓은 나라예요. 예전에는 자이르라 불렀어요. 콩고는 '사냥꾼'이라는 뜻으로 콩고강 근처에 사는 바콩고라는 부족의 이름에서 따왔어요. 얼룩말과 기린을 합친 것처럼 보이는 오카피, 침팬지를 닮았지만 몸집이 작은 보노보 등 신비로운 동물들이 많이 산답니다.

52. 탄자니아
Tanzania

수도 : 도도마 인구 : 약 6,743만 명
면적 : 947,300㎢ 언어 : 스와힐리어, 영어
통화 : 탄자니아 실링

국기의 특징

초록색은 국토와 농업, 노란색은 광물자원, 검은색은 국민, 파란색은 인도양을 상징해요.

어떤 나라인가요?

아프리카 동쪽 인도양에 접하고 있는 나라예요. 탕가니카와 잔지바르가 합쳐져서 만들어진 나라지요. 아프리카에서 가장 높은 킬리만자로산이 있어요. 킬리만자로산 서쪽에 넓은 세렝게티 평원에는 사자, 코끼리, 들소, 사바나 얼룩말 등 다양한 동물들이 살아요.

53. 토고
Togo

수도 : 로메 인구 : 약 905만 명 면적 : 56,785㎢
언어 : 프랑스어, 토착어 통화 : 세파 프랑

국기의 특징

 빨간색은 독립을 위해 흘린 피, 초록색은 희망, 노란색은 국가 통일을 상징해요. 흰색 별은 아프리카의 상징으로서 독립을 지키려는 강한 의지를 뜻해요.

어떤 나라인가요?

 아프리카 서부 기니만에 있는 나라예요. 토고는 물과 강둑이라는 뜻으로 독일의 지배를 받을 때 강 근처의 조그만 어촌이라는 의미에서 생긴 이름이에요. 주로 농사를 짓고 사는데 목화와 커피, 카카오를 많이 키워요. 토고 사람들 대부분이 흙으로 만든 둥근 기둥 모양의 집에서 살아요.

54. 튀니지
Tunisia

수도 : 튀니스 **인구** : 약 1,245만 명 **면적** : 163,610㎢
언어 : 아랍어, 프랑스어 **통화** : 튀니지 디나르

국기의 특징

 흰색 원은 태양, 초승달과 별은 이슬람교를 뜻해요. 초승달은 페니키아 여신의 상징이라는 이야기도 있어요.

어떤 나라인가요?

 북아프리카 지중해 연안에 있는 나라예요. 고대 도시 국가 카르타고가 있었던 곳이에요. 목욕탕이나 돌기둥, 모자이크 등 카르타고의 유적을 보러 많은 관광객이 찾아간답니다. 날씨가 따뜻하고 좋아서 오렌지와 올리브가 잘 자라요.

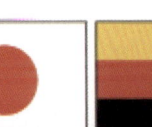

V. 오세아니아
Oceania

1. 나우루
Nauru

수도 : 야렌 인구 : 약 1만 명 면적 : 21㎢
언어 : 나우루어, 영어 통화 : 오스트레일리아 달러

국기의 특징

파란색은 태평양, 노란 직선은 적도, 12개의 빛줄기를 발하는 별은 나우루 12 부족의 단결을 상징해요. 적도를 상징하는 선 밑에 별을 그린 이유는 나우루가 적도 바로 아래에 있다는 것을 의미해요.

어떤 나라인가요?

남태평양에 위치한 산호섬으로 이루어진 나라예요. 태평양을 지나는 철새들의 똥이 쌓여 만들어진 인광석이 많았어요. 좋은 비료를 만들 수 있기 때문에 비싼 값에 팔아 부자 나라가 되었지요. 하지만 인광석이 만들어지는 것보다 더 빠르게 많이 팔다 보니 결국 인광석이 다 떨어져 지금은 어려움을 겪고 있어요.

2. 뉴질랜드
New Zealand

수도 : 웰링턴 인구 : 약 522만 명 면적 : 268,838㎢
언어 : 영어, 마오리어 통화 : 뉴질랜드 달러

국기의 특징

 파란색은 태평양, 별들은 별자리인 남십자성을 상징해요. 왼쪽 위의 영국 국기는 영국연방의 일원임을 뜻해요.

어떤 나라인가요?

 남태평양에 있는 섬나라예요. 원래는 마오리족이 살던 섬인데 유럽에서 백인들이 옮겨와 지금은 백인이 더 많이 살아요. 젊었을 때 돈을 모았다가 나이가 들면 정기적으로 돈을 주는 연금제가 세계 최초로 시작한 나라예요. 다른 복지도 우수해 살기 좋은 나라로 알려져 있어요.

3. 마셜제도
Marshall Islands

수도 : 마주로 인구 : 약 7만 명 면적 : 181㎢
언어 : 영어, 마셜어 통화 : 미국 달러

국기의 특징

 파란색은 태평양, 흰 별은 마셜 제도, 귤색은 용기, 흰색은 평화를 상징해요. 흰 별에서 나오는 24개의 빛은 자치 구역의 수를 의미하며, 4개의 긴 빛은 십자가로 그리스도교 국가임을 나타내요.

어떤 나라인가요?

 30여 개의 산호섬으로 이루어진 나라예요. 마셜 사람들은 손재주가 좋기로 유명한데, 대표적인 수공예품으로 카누가 있어요. 코코넛 기름을 많이 수출해요. 마셜의 국가는 우리나라 대중음악 작곡가인 길옥윤 선생님이 만들었어요.

4. 미크로네시아
Micronesia

수도 : 팔리키르 인구 : 약 11만 명 면적 : 702㎢
언어 : 영어, 미크로네시아어 통화 : 미국 달러

국기의 특징

파란색은 태평양, 흰 별은 남십자성과 미크로네시아의 주요한 4개의 섬을 상징해요.

어떤 나라인가요?

미크로네시아는 네 개의 큰 섬과 육백여 개의 작은 섬들이 동서 방향으로 펼쳐져 있는 섬나라예요. 화산섬도 많이 있어요. 미크로네시아 사람들은 전통적인 마을에 살며, 농사를 짓거나 물고기를 잡으며 살아요. 경치가 아름다워 관광객들이 많이 찾아가는 곳이랍니다.

5. 바누아투
Vanuatu

수도 : 포트빌라 인구 : 약 33만 명 면적 : 12,200㎢
언어 : 영어, 프랑스어 통화 : 바투

국기의 특징

　노란색 Y자는 나라를 이루는 섬들의 모양을 의미해요. 빨간색은 용기와 희생, 검은색은 국민의 피부색, 초록색은 풍부한 자연환경과 독립에 대한 희망을 뜻해요. 왼쪽의 문양은 평화와 부, 영광을 상징해요.

어떤 나라인가요?

　네 개의 큰 섬과 팔십 개의 작은 섬들이 Y자 모양으로 펼쳐져 있는 섬나라예요. 나라 이름은 영국과 프랑스의 지배를 받다 독립할 때 지었는데 '우리의 땅'이라는 뜻이에요. 발목에 줄을 묶고 높은 곳에서 뛰어내리는 번지점프는 바누아투의 성인식에서 유래되었답니다.

6. 사모아
Samoa

수도 : 아피아 인구 : 약 22만 명 면적 : 2,831㎢
언어 : 영어, 사모아어 통화 : 탈라

국기의 특징

 빨간색은 용기, 흰색은 순수, 파란색은 자유, 별은 남십자자성을 상징해요.

어떤 나라인가요?

 뉴질랜드 북동쪽에 있는 10여 개의 화산섬으로 이루어진 나라예요. 다른 나라들에 의해 동사모아, 서사모아로 나뉘었다가, 서사모아가 독립하면서 나라 이름을 사모아로 바꿨어요. 코코넛과 바나나를 많이 키우고, 가다랑어를 많이 잡아요. 옛날부터 사모아는 카누를 사용해 물건을 많이 옮겼어요.

7. 솔로몬제도
Solomon Islands

수도 : 호니아라 인구 : 약 74만 명 면적 : 28,450㎢
언어 : 영어 통화 : 솔로몬 달러

국기의 특징

 파란색은 태평양, 초록색은 땅, 노란색 줄은 태양, 흰색 별들은 남십자성을 상징해요.

어떤 나라인가요?

 태평양 남서부에 솔로몬 제도와 산타크루즈 제도 등으로 이루어진 나라예요. 아름다운 산호초와 열대어 등이 풍부해 스쿠버 다이빙의 천국으로 유명해요. 수상스키나 윈드서핑, 낚시 등을 즐기기 위해서도 많은 관광객이 찾아오지요.

8. 오스트레일리아(호주)
Australia

수도 : 캔버라 인구 : 약 2,643만 명
면적 : 7,741,220㎢ 언어 : 영어
통화 : 오스트레일리아 달러

국기의 특징

 왼쪽 위에 영국 국기는 이 나라가 영국 연방의 일원임을 뜻해요. 오른쪽의 다섯 별은 남십자성, 왼쪽 아래의 커다란 별은 나라를 구성하는 6개 주와 태즈메이니아섬을 상징해요.

어떤 나라인가요?

 우리가 흔히 호주라고 부르는 나라예요. 세계에서 가장 많이 양을 키우고, 양털도 많이 만들어서 수출해요. 코알라나 캥거루 같은 야생동물들도 많이 살지요. 시드니에 있는 오페라하우스와 하버브리지는 오스트레일리아의 유명한 상징물이 립니다.

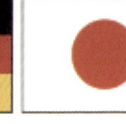

9. 키리바시
Kiribati

수도 : 타라와 인구 : 약 10만 명 면적 : 811㎢
언어 : 영어, 길버트어 통화 : 오스트레일리아 달러

국기의 특징

 바다 물결 위에 떠오르는 태양은 날짜 변경선 근처에 있어 세계에서 가장 빨리 하루가 시작되는 나라임을 뜻해요. 태양 위에 갈매기를 넣어 태평양의 해양 국가임을 나타내요.

어떤 나라인가요?

 태평양 서쪽에 있는 섬나라예요. 세계에서 가장 먼저 해가 뜨는 곳으로 알려져 있어요. 말린 야자열매인 코프라와 진주조개가 특산물이에요. 우리나라와 일본, 미국 등 여러 나라에서 물고기를 잡으러 키리바시에 찾아간답니다.

10. 통가
Tonga

수도 : 누쿠알로파 인구 : 약 10만 명 면적 : 748㎢
언어 : 영어, 통가어 통화 : 팡가

국기의 특징

 빨간색은 성스러운 피, 흰색은 순결을 뜻해요. 왼쪽 위에 십자가는 그리스도교 국가임을 상징해요.

어떤 나라인가요?

 남태평양 중부에 있는 산호섬으로 이루어진 나라예요. 작은 나라지만, 일찍부터 왕조를 세워 주변 여러 섬에 세력을 떨쳤어요. 지금도 왕과 귀족, 평민의 계급이 나뉘어 있어요. 주로 농사를 짓고 살며 코코넛, 커피, 코코아 등을 키워요. 체격이 좋은 통가 사람들은 럭비를 좋아하고 잘한답니다.

11. 투발루
Tuvalu

수도 : 푸나푸티 인구 : 약 1만 명 면적 : 26㎢
언어 : 영어, 투발루어 통화 : 오스트레일리아 달러

국기의 특징

 파란색은 태평양, 별들은 나라를 이루는 섬들을 상징해요. 영국 국기는 영국 연방의 일원임을 뜻해요.

어떤 나라인가요?

 남태평양 가운데에 있는 섬나라예요. 모든 섬의 땅이 낮은 편인데, 바닷물이 올라와 아홉 개의 산호섬 중 두 개가 완전히 바닷물에 잠겼어요. 다른 섬들도 잠길 위험에 처해 있어서, 투발루 사람들은 뉴질랜드나 오스트레일리아로 이민을 가고 있답니다.

12. 파푸아뉴기니
Papua New Guinea

수도 : 포트모르즈비 인구 : 약 1,032만 명
면적 : 462,840㎢ 언어 : 영어, 피지어 통화 : 키나

국기의 특징

검은색은 나라를 이루는 섬, 빨간색은 태양, 흰색 별은 남십자성을 상징해요. 노란색 새는 파푸아뉴기니를 상징하는 극락조예요.

어떤 나라인가요?

남태평양 서쪽 끝 뉴기니섬 동쪽과 주변의 여러 섬으로 이루어진 나라예요. 부족끼리 마을을 이루며 살고, 옛날부터 전해 내려오는 말이나 풍습이 잘 보존되어 있어요. 파푸아뉴기니를 상징하는 깃털이 무척 아름다운 극락조가 살고 있지요.

13. 팔라우
Palau

수도 : 응게룰무드 인구 : 약 2만 명 면적 : 459㎢
언어 : 영어, 팔라우어 통화 : 미국 달러

국기의 특징

 일본 국기와 비슷한 형태로 파란색은 태평양, 가운데 노란색 원은 나라의 결속과 운명을 상징해요.

어떤 나라인가요?

 태평양 서쪽 끝에 있는 섬나라예요. 벨라우라고도 불러요. 에메랄드색, 코발트색, 산호색 등 33가지 물빛으로 유명해요. 투명한 바다와 함께 어우러진 자연경관이 아름다워 '신들의 바다 정원'이라 불려요. 뭉게구름처럼 춤추듯 솟아오르는 해파리들을 볼 수 있는 해파리 호수도 있어요.

14. 피지
Fiji

수도 : 수바　인구 : 약 93만 명　면적 : 18,274㎢
언어 : 영어, 피지어　통화 : 피지 달러

국기의 특징

왼쪽 위에 영국 국기는 이 나라가 영국 연방의 일원임을 뜻해요. 오른쪽의 문장에는 흰색 바탕에 세인트 조지의 적십자, 영국 왕실을 상징하는 왕관을 쓴 사자, '노아의 홍수'에서 유래한 비둘기, 사자, 바나나, 코코야자 등이 그려져 있어요.

어떤 나라인가요?

남태평양 서부에 있는 나라예요. 아메리카 대륙과 오세아니아 대륙을 잇는 중계지예요. 쉴 곳이 많아 관광 산업이 매우 발달했어요. 전통 의식을 중요하게 생각하며 전통 공예가 잘 보존되고 있어요. 고래 이빨로 만든 탄부아를 무척 귀하게 여긴답니다.

빙글빙글 지구 한 바퀴
- 세계의 국가와 국기 -

발행일 초판 1쇄 2020년 7월 15일
       7쇄 2025년 2월 17일

엮음 걸음마 **펴낸이** 강주효 **마케팅** 이동호 **편집** 이태우 **디자인** 하루
펴낸곳 도서출판 버금 **출판등록** 제353-2018-000014호
전화 032)466-3641 **팩스** 032)232-9980
이메일 beo-kum@naver.com
블로그 blog.naver.com/beo-kum
제조국 대한민국 **사용연령** 8세 이상
주의사항 종이에 베이거나 긁히지 않게 조심하세요.

ISBN 979-11-964458-4-3 73980
값 10,000

ⓒ 2020 걸음마
잘못된 책은 구입하신 곳에서 교환해 드립니다
이 책의 저작권은 도서출판 버금에 있습니다

이 도서의 국립중앙도서관 출판예정도서목록(CIP)은 서지정보유통지원시스템
홈페이지(http://seoji.nl.go.kr)와 국가자료종합목록 구축시스템(http://kolis-
net.nl.go.kr)에서 이용하실 수 있습니다. (CIP제어번호 : CIP2020023348)